LA DOCTRINE DE L'EUCHARISTIE DE GUIBERT DE NOGENT

DERNIÈRES PARUTIONS
DANS LA MÊME COLLECTION

A CATALOGUE OF 13TH-CENTURY SOPHISMATA. Part I : Introduction and Indices ; Part II : Catalogue, by Sten EBBESEN and Frédéric GOUHIER, 2010.

ABÉLARD Pierre, *De l'unité et de la trinité divines (Theologia summi boni).* Introduction, traduction et notes par Jean JOLIVET, 2001.

ALBERT LE GRAND, *Métaphysique. Livre XII, Traités II et III.* Texte (latin et français en vis-à-vis), introduit, traduit et annoté par Isabelle MOULIN, 2009, 480 pages.

AVERROÈS, *La béatitude de l'âme.* Édition, traduction annotée, études doctrinales et historiques d'un traité d' "Averroès" par Marc GEOFFROY et Carlos STEEL, 2001.

– *Commentaire moyen sur le* De interpretatione. Introduction, traduction et notes par Ali BENMAKHLOUF et Stéphane DIEBLER, 2000.

– *Grand Commentaire (Tafsîr) de la* Métaphysique. *Livre Bêta.* Présentation et traduction de Laurence BAULOYE précédé de *Averroès et les apories de la* Métaphysique *d'Aristote*, 2002.

BRENET Jean-Baptiste, *Transferts du sujet. La noétique selon Jean de Jandun*, 2003.

CESALLI Laurent, *Le réalisme propositionnel. Sémantique et ontologie des propositions chez Jean Duns Scot, Gauthier Burley, Richard Brinkley et Jean Wyclif*, 2007.

DEMANGE Dominique, *Jean Duns Scot. La théorie du savoir*, 2007.

GUIRAL OT, *La vision de Dieu aux multiples formes*. Quolibet tenu à Paris en décembre 1333. Édition, traduction et introduction par Christian TROTTMANN, 2001.

IBN KAMMUNA, *Examen de la critique des trois religions monothéistes.* Avant-propos et traduction par Simon BELLAHSEN, précédé de *La vie, l'œuvre et la pensée philosophique d'Ibn Kammuna,* par Réza Pourjavady et Sabine Schmidtke, 2012, 206 pages.

LA *SOPHISTRIA* DE ROBERTUS ANGLICUS. Étude et édition critique par A. GRONDEUX et I. ROSIER-CATACH, 2006.

LE PROBLÈME DES UNIVERSAUX À LA FACULTÉ DES ARTS DE PARIS ENTRE 1230 ET 1260. Édition critique sélective, traduction française, analyses structurelle et formelle et étude historico-philosophique par David PICHÉ, 2005.

MAÏMONIDE, *Les brouillons autographes du* Dalâlat al-Hâ'irîn *(Guide des égarés).* Édition par C. SIRAT et S. DI DONATO, 2012.

NICOLAS D'AUTRÉCOURT, *Correspondance, Articles condamnés.* Édition critique par L. M. de RIJK, introduction, traduction et notes par Ch. GRELLARD, 2001.

PERINI-SANTOS Ernesto, *La théorie ockhamienne de la connaissance évidente*, 2006.

PHILOSOPHICAL PSYCHOLOGY IN ARABIC THOUGHT AND THE LATIN ARISTOTELIANISM OF THE 13TH CENTURY, edited by Luis Xavier LÓPEZ-FARJEAT and Jörg Alejandro TELLCAMP, 2013.

SIRAT Colette et GEOFFROY Marc, *L'original arabe du* Grand commentaire *d'Averroès au* De anima *d'Aristote. Prémices de l'édition*, 2005.

TISSERANT Axel, *Pars theologica. Logique et théologique chez Boèce*, 2008.

VALENTE Luisa, *Logique et théologie. Les écoles parisiennes entre 1150 et 1220*, 2008.

Sic et Non
Collection dirigée par Alain de LIBERA

LA DOCTRINE DE L'EUCHARISTIE DE GUIBERT DE NOGENT

DE PIGNERIBUS LIVRE II

Texte et traduction
par
Laurence TERRIER

*Ouvrage publié avec le concours
de l'Université de Genève*

PARIS
LIBRAIRIE PHILOSOPHIQUE J. VRIN
6, Place de la Sorbonne, V^e^

2013

GUIBERT DE NOGENT, /*Quo ordine sermon fieri debeat. De bucella Iudae data et de veritate dominici corporis. De sanctis et eorum pigneribus*/,
Ed. R. B. C. Huygens, p. 110-137 (c) Brepols Publishers NV,
Turnhout, 1993. Reproduced with permission.

Imprimé en France

ISSN 1248-7279
ISBN 978-2-7116-2475-1

www.vrin.fr

À la mémoire de mon père et de mes grands-parents

INTRODUCTION

Guibert de Nogent naît un samedi saint, le 10 avril 1053, à Clermont-sur-Oise. Son père meurt huit mois plus tard et le jeune enfant est élevé par sa mère. Confié à un précepteur, il reçoit une éducation cléricale complète et est initié à la lecture des auteurs antiques, en particulier Ovide, Térence et Boèce. Lorsqu'il a douze ans, sa mère se retire dans un ermitage près de l'abbaye de Saint-Germer-de-Fly, accompagnée par le précepteur de l'enfant. Guibert, ainsi livré à lui-même, mène une existence mouvementée durant un an, jusqu'au moment où il rejoint, en 1066, son précepteur dans l'abbaye. Il y rencontre Anselme, futur évêque de Canterbury, qui, prieur à l'abbaye du Bec en Normandie, vient régulièrement à Saint-Germer-de-Fly. Il y reste jusqu'en 1104, lorsqu'il est désigné pour remplacer l'abbé de Nogent-sous-Coucy, Geoffroy, nommé évêque d'Amiens. Il finira sa vie dans cette abbaye en 1124. Tous ces éléments nous sont connus par l'autobiographie rédigée par Guibert de Nogent, le *De vita sua*, qui fait figure d'exception dans la période médiévale et suit l'exemple des *Confessions* de saint Augustin [1]. Ce dernier exerce une influence considérable sur Guibert, qui s'en inspire dans toutes ses œuvres.

Le premier texte écrit par Guibert, mis à part quelques sermons, est le *Quo ordine sermo fieri debeat*, dans lequel il précise les quatre méthodes de commentaire biblique : historique, allégorique, tropologique et anagogique. Puis, il compose à la demande du doyen de la cathédrale de Soisson le *Tractatus de incarnatione contra Judeos* pour conforter la foi d'un juif converti de l'abbaye de Soisson et de quelques chrétiens tentés

1. Guibert de Nogent, *Autobiographie*, intr., éd. et trad. par E.-R. Labande, Paris, Les Belles Lettres, 1981. L'ouvrage de Bernard Monod résume à partir de ce texte la vie de Guibert : B. Monod, *Le moine Guibert et son temps*, Paris, Hachette, 1905, p. 307-324.

par le judaïsme. Il rédige un écrit épistolaire nommé le *De bucella Judae data et de veritate dominici corpore*, à une date incertaine entre 1104 et 1120 qui, comme son titre l'indique, traite du sacrement de l'eucharistie et de la question particulière de la bouchée de pain donnée à Judas par le Seigneur pendant la Cène. Entre 1104 et 1108, il relate, dans le *Gesta Dei per Francos*, le récit des Croisades en s'appuyant sur les propos de témoins oculaires. Finalement, après la rédaction du *De vita sua* entre 1114 et 1119, il compose le *De pigneribus*. Il faut ajouter à la liste plusieurs textes exégétiques ainsi que des louanges à la Vierge Marie.

Notre attention se portera sur le *De pigneribus* afin d'étudier de manière approfondie la conception de l'eucharistie chez Guibert de Nogent, développée dans le deuxième livre. Les moines de Saint-Médard affirment posséder la dent de lait du Christ, tombée lorsqu'il avait neuf ans. Cette prétention motive l'abbé de Nogent à rédiger un traité, sous la forme d'une lettre adressée à l'abbé de Saint-Symphorin et aux moines de Saint-Médard. Il divise son texte en quatre livres. Le premier livre porte sur les saints et leurs reliques, le deuxième concerne le sacrement eucharistique, le troisième est une attaque contre les moines de Saint-Médard et le quatrième traite du monde de la contemplation et offre une réflexion sur la résurrection des corps. Seul un manuscrit de ce traité nous est parvenu, conservé à la Bibliothèque Nationale de France (ms. lat. 2900), qui contient également le *De bucella* [1]. Ces deux écrits ont été réunis pour des raisons d'ordre thématique, tous deux portant sur la question du corps du Seigneur dans le sacrement de l'eucharistie. Deux copies de ce manuscrit unique furent réalisées au XVIIe siècle. Dans le manuscrit de Paris, il est possible de distinguer trois mains différentes, qui furent étudiées avec soin par Monique-Cécile Garand [2] et par Robert Burchard Constantijn Huygens [3]. La première attribue l'une de ces mains (C) à Guibert de Nogent lui-même, tandis que le second réfute cette thèse au moyen de solides arguments d'ordre philologique et estime que les trois mains sont celles de secrétaires. Le texte date de peu avant 1120, moment probable de la rédaction du traité [4]. Abel Lefranc, compte tenu du caractère particulier du

1. Pour tout ce qui concerne ce manuscrit, voir R.B.C. Huygens, « Introduction », dans Guibert de Nogent, *Quo ordine sermo fieri debeat. De bucella Judae data et de veritate dominici corporis. De sanctis et eorum pigneribus*, (CCCM, CXXVII), éd. R.B.C. Huygens, Turnhout, Brepols, 1993, p. 10 ; 13-36.

2. M.-C. Garand, « Le scriptorium de Guibert de Nogent », *Scriptorium*, 31, 1977, p. 3-29 ; suivie en dernier lieu par J. Rubenstein, *Guibert of Nogent. Portrait of a Medieval Mind*, New York, London, Routledge, 2002, p. 167.

3. R.B.C. Huygens, « Introduction », *op. cit.*, p. 17-31.

4. *Ibid.*, p. 10 ; 32.

quatrième livre, imagina que Guibert l'avait écrit avant les autres livres et l'avait annexé postérieurement à son traité [1]. Klaus Guth reprend cette hypothèse à son compte et situe la rédaction de ce livre vers 1112 [2]. Ces affirmations sont sans fondement et Huygens montre que le quatrième livre a été rédigé à la même époque que les autres livres [3].

Malgré la célébrité dont jouit le *De pigneribus*, il est frappant de constater à quel point ce texte est méconnu. Méconnu en effet, car à lire ce qui a été écrit sur ce texte, il semblerait que Guibert n'y traite que des reliques des saints et du Christ. La raison en est exprimée par Huygens: « C'est le premier livre qui a toujours retenu davantage l'attention, tant à cause du caractère général des critiques qui y sont formulées que par le style agréablement narratif de plusieurs de ses passages » [4]. Cet intérêt prononcé pour le premier livre remonte à la genèse de l'étude de l'œuvre. Dom Luc d'Achery est le premier à éditer le texte en 1651, d'après le manuscrit qui nous est parvenu [5]. Il agrémente l'édition de quelques commentaires qui, étrangement, portent presque exclusivement sur le premier livre, hormis quelques lignes concernant le troisième livre. Ne l'intéresse dans le traité que ce qui a directement trait aux reliques et ce point de vue persiste encore aujourd'hui. La première véritable étude concernant Guibert de Nogent fut rédigée en 1896 par Abel Lefranc et traite du *De pigneribus* [6]. Ce philologue résume le traité et son étude servira de base à toute la critique postérieure. Cependant, Abel Lefranc, suivant l'exemple d'Achery, résume longuement le livre 1 et ne consacre que quelques lignes aux livres suivants : « Avec ce [premier] livre se termine la partie générale du traité. Je me bornerai à indiquer en quelques mots la substance des trois autres livres, non moins attrayants à leur manière, mais d'une portée plus spéciale » [7]. Au début du XXe siècle, alors que le *De vita sua* intéresse davantage les spécialistes, Bernard Monod et Georges

1. A. Lefranc, « Le traité des reliques de Guibert de Nogent et les commencements de la critique historique au Moyen Âge », *Études d'histoire du Moyen Âge dédiées à G. Monod*, Paris, Armand Colin, 1896, p. 304, n. 2.

2. K. Guth, *Guibert von Nogent und die hochmittelalterliche Kritik an der Reliquienverehrung*, Ottobeuren, Winfried Werk, 1970, p. 101, n. 387.

3. R.B.C. Huygens, « Introduction », *op. cit.*, p. 32-36.

4. *Ibid.*, p. 15.

5. Cette édition est celle qui fut reprise par Migne dans la *Patrologie Latine* : (Guibert de Nogent, *De pignoribus sanctorum* (PL CLVI cols 0607C-0679A)). Pour les commentaires : L. d'Achery, *Ad libros de pignoribus sanctorum* (PL CLVI cols 1021A-1048C).

6. A. Lefranc, *op. cit.*, p. 285-306.

7. *Ibid.*, p. 304.

Bourgin reprennent Lefranc lorsqu'ils traitent du *De pigneribus*[1]. Par conséquent, leur discours est exclusivement axé sur le problème des reliques. Plusieurs études approfondies ont été réalisées sur Guibert de Nogent et sur sa critique des reliques, la plus complète étant celle de Klaus Guth en 1970[2].

Pourtant, un autre point essentiel sous-tend l'ensemble du traité, exprimé notamment dans le mot *pignus*. Il s'agit de la question du corps du Seigneur dans le sacrement de l'eucharistie. Guibert, dans son prologue, traite longuement de ce sujet et des contestations qui lui ont été adressées. Il apparaît clairement que ce point le préoccupe davantage que le problème des reliques, qu'il ne mentionne d'ailleurs pas dans le prologue. Ratramne de Corbie avait utilisé avec insistance le terme *pignus* dans le contexte eucharistique, car le corps eucharistique est donné aux hommes en attendant la vision du corps glorifié de Jésus[3]. Le titre du traité n'a pas été donné par l'auteur lui-même, mais par Luc d'Achery, qui l'intitula *De pignoribus sanctorum*. Le terme *pignus* désigne bel et bien une relique et, par son choix, Luc d'Achery orienta l'essence du traité vers la question des reliques des saints. Mais *pignus* signifie également le « gage », et Guibert l'utilise dans le sens de « gage de salut éternel » pour désigner le mystère eucharistique. Ce mot fait ainsi le lien entre les deux thèmes majeurs du texte : relique et eucharistie, thèmes indissociables dans la conception de Guibert, comme nous le montrerons. Incontestablement, le discours de l'abbé sur les reliques fait figure d'exception dans la période médiévale, mais ôter de l'œuvre toute la dimension eucharistique réduit de beaucoup l'originalité de Guibert et cette altération amoindrit la portée exceptionnelle de cet écrit. Selon Huygens, le titre *De pigneribus* « n'est qu'un pis-aller »[4], pourtant il nous semble qu'il convient parfaitement, puisqu'il couvre presque l'ensemble de l'œuvre. La question eucharistique a été largement négligée dans l'étude du traité. Le *Dictionnaire de théologie catholique*, certes ancien et dogmatique, montre l'ampleur du phénomène. L'article « Eucharistie » cite brièvement le *De bucella,* mais le *De pigneribus* est totalement omis, alors que ce texte-ci est présenté en détail à

1. B. Monod, *op. cit.* ; G. Bourgin, *Guibert de Nogent. Histoire de sa vie (1053-1124)*, Paris, Librairie Alphonse Picard et Fils, 1907, p. xx-xxi.

2. K. Guth, *op. cit.*

3. Ratramne, *De corpore et sanguine Domini*, éd. par J.N.B. van den Brink, Amsterdam, North-Holland Publisching Company, 1954, p. 56 ; R. Béraudy, *L'enseignement eucharistique de Ratramne, moine de Corbie au IXe siècle dans le « De corpore et sanguine domini » : Étude sur l'histoire de la théologie eucharistique*, Lyon, Faculté de théologie, 1952-1953, p. 56.

4. R.B.C. Huygens, « Introduction », *op. cit.*, p. 15.

l'article « Reliques »[1]. À l'heure actuelle, cette lacune n'est toujours pas comblée. L'ouvrage relativement récent d'Aron J. Gourevitch en témoigne[2]. L'auteur déclare que Guibert conteste l'existence de reliques de l'enfance du Christ, car ce dernier n'était pas encore, à ce moment-là, honoré comme le Sauveur et personne n'aurait donc pensé à préserver des parties de son corps. S'il avait eu une meilleure connaissance du traité, l'auteur aurait su que la raison invoquée ici n'était de loin pas l'argument majeur, qui a trait à l'existence du mystère eucharistique. Il n'a donc connaissance que du premier livre. De plus, Monique-Cécile Garand, qui a pourtant bien étudié Guibert, semble également méconnaître certains aspects du traité. D'après elle, Guibert traite de l'eucharistie uniquement dans le *De bucella*[3]. Finalement, l'excellent ouvrage d'Irène Rosier-Catach étudie la manière dont les théologiens ont analysé les paroles rendant efficaces les sacrements. Mais l'auteur oublie Guibert de Nogent, alors qu'il lui aurait été utile à plusieurs reprises pour étayer son propos[4].

Toutefois, un théologien, Josef Geiselmann, consacra en 1929 un article sur la conception de l'eucharistie de Guibert de Nogent dans le livre 2 du *De pigneribus* et du *De bucella*[5]. Il fait néanmoins figure d'exception et cet article a été relativement peu lu, sans compter que l'auteur y fait preuve de peu d'objectivité. Pour nuancer notre propos, il faut tout de même relever que certains ont souligné la place de l'eucharistie dans le *De pigneribus*. Colin Morris donne en effet à la question eucharistique son réel rôle dans le traité. Il indique que le but de cet écrit est « the claim of Saint Médard to own one of Christ's teeth, and therefore much of it is concerned with the doctrine of the body of Christ, the first book alone providing a discussion of popular religion »[6]. Dans une bien moindre mesure, Jean-Claude Schmitt signale que Guibert montre que

1. E. Mangenot, « Eucharistie », dans A. Vacant et E. Mangenot (éd.), *Dictionnaire de Théologie catholique*, Paris, Letouzey et Ané, t. 5, 1913, col. 1245 ; P. Séjourné, « Reliques », dans *ibid.*, t. 13, 1936, cols 2356-2357.

2. A. J. Gourevitch, *La naissance de l'individu dans l'Europe médiévale*, trad. du russe par J.-J. Marie, Paris, Éditions du Seuil, 1997, p. 147.

3. Guibert de Nogent, *Geste de Dieu par les Francs*, intr., trad. et notes par M.-C. Garand, Turnhout, Brepols, 1998, p. 10-11.

4. I. Rosier-Catach, *La parole efficace. Signe, rituel, sacré*, Paris, Éditions du Seuil, 2004.

5. J. Geiselmann, « Die Stellung des Guibert von Nogent in der Eucharistielehre der Frühscholastik », *Theologische Quartelschrift*, CX, 1929, p. 66-86 ; 279-305.

6. C. Morris, « A critique of popular religion : Guibert of Nogent on *The relics on the saints* », dans G. J. Cuming et D. Baker, *Popular Belief and Practice. Papers read at the ninth summer meeting and the tenth winter meeting of the Ecclesiastical History Society*, Cambridge, University Press, 1972, p. 55, n. 2.

l'existence de reliques du Christ est impossible, en vertu des dogmes de l'Ascension et de l'eucharistie[1]. Gary Macy, dans son étude sur la théologie de l'eucharistie à l'époque pré-scholastique, consacre une plus large part à Guibert et à son *De pigneribus* en s'appuyant sur Josef Geiselmann[2]. Enfin, la première étude véritable de la doctrine eucharistique chez Guibert revient à Jay Rubenstein[3]. Celui-ci offre un bon développement et perçoit l'importance du lien entre reliques du Christ et eucharistie. Mais ces quelques exemples mis à part, il est incontestable que le traité de Guibert ne doit sa réputation qu'à la question des reliques, les autres éléments étant souvent tenus à l'écart.

Ainsi, dans notre travail, nous souhaitons redonner au *De pigneribus* toute son importance en définissant la conception de l'eucharistie que Guibert de Nogent y énonce. Un autre texte de l'auteur traite du même sujet : le *De bucella Judae data et de veritate dominici corpore*. Mais ce texte étant aisément compréhensible et portant sur des aspects plus spécifiques, nous nous concentrerons sur ce que Guibert énonce dans le *De pigneribus*, plus dense et plus difficile à saisir. Nous comparerons néanmoins les deux textes afin de cerner leurs différences. Pour étudier correctement le livre 2, il est essentiel de fournir un résumé détaillé de tout le traité, ce qui, comme nous l'avons signalé, ne fut pas fait, puisque seul le livre 1 a fait l'objet d'un tel travail. Puis, nous proposerons une traduction de ce livre, car la difficulté de la langue de Guibert, et tout particulièrement dans cette partie du traité, est probablement l'une des raisons pour lesquelles il a été occulté. Cette traduction du livre 2 n'est pas tout à fait inédite. Une sœur dominicaine, Louise Catherine Nash (sœur Mary Edwardine), a entrepris la traduction de l'ensemble du traité dans le cadre de son travail de thèse en 1941[4]. Celui-ci ne fut jamais publié et n'est pas de de grande qualité. Non seulement il s'agit d'une traduction extrêmement

1. J.-C. Schmitt, « Les reliques et les images », dans E. Bozóky et A.-M. Helvétieus (éd.), *Les reliques. Objets, cultes, symboles. Actes du colloque international de l'Université du Littoral-Côte d'Ophale (Boulogne-sur-Mer), 4-6 septembre 1997*, Turnhout, Brepols, 1999, p. 148.

2. G. Macy, *The theologies of the eucharist in the early scholastic period. A study of the salvific function of the sacrament according to the theologians c.1080-c.1220*, Oxford, Clarendon Press, 1984, p. 80-81.

3. J. Rubenstein, *op. cit.*, p. 132-172.

4. L.C. Nash (Sister Mary Edwardine O. P.), *Translation of « De pignoribus sanctorum » of Guibert of Nogent with notes and comments*, Travail de thèse, non publié, University of Washington, 1941. Il faut souligner que les notes et les commentaires sont extrêmement frugaux.

Nous remercions ici la bibliothèque de l'Université de Washington de nous avoir aimablement fait parvenir les photocopies de ce travail.

littérale, mais en plus, les difficultés majeures n'y sont pas élucidées et bien souvent le texte anglais est tout aussi incompréhensible que le texte latin. Par ailleurs, un autre Américain, Thomas Head, publia une bonne traduction du premier livre du *De pigneribus* [1]. Mais, une fois encore, seul ce livre et le culte des reliques ont suscité son intérêt.

En somme, les travaux sur la conception de l'eucharistie de Guibert de Nogent se réduisent à l'étude de Jay Rubenstein. L'ensemble du traité n'a été traduit qu'une seule fois en anglais et cette traduction est difficile d'accès, car non publiée, et relativement mauvaise. Ce peu d'enthousiasme pour l'étude du *De pigneribus* et de la question eucharistique tient non seulement à la difficulté de la langue de l'auteur, mais aussi à la complexité de sa pensée qui entraîne une confusion à la lecture. Contrairement aux autres théologiens de la période, qui écrivent bien souvent dans un latin simple et exposent leurs idées clairement, Guibert est extrêmement difficile à cerner. Il fut souvent salué par la critique du XXe siècle pour son esprit original et curieux ; et dans sa doctrine de l'eucharistie, il révèle également une personnalité hors du commun et il mérite réellement d'être davantage reconnu sur ce point. Nous nous proposons donc de traduire le livre 2 et d'exposer ensuite les idées de Guibert émises dans cette partie du traité. De plus, pour saisir totalement son point de vue, il est utile, pensons-nous, de revenir sur la controverse eucharistique du XIe siècle et de dégager quels en furent les enjeux, car Guibert est encore tributaire des discussions qui ont eu lieu durant la deuxième moitié du XIe siècle et qui perdurent au moment de la rédaction du *De pigneribus*. Enfin, nous analyserons, au regard de ce que nous dégagerons des écrits de ses prédécesseurs, sa doctrine sur le corps du Sauveur dans le sacrement de l'autel et nous montrerons à quel point Guibert s'éloigne de la conception communément admise par l'Église.

1. Th. Head, « Guibert of Nogent, *On Saints and their Relics* », Th. Head (éd.), *Medieval Hagiography : an anthology*, New York, London, Routeldge, p. 399-427.

Remerciements

Le présent ouvrage est une version remaniée de mon travail de master soutenu en janvier 2006.

Je remercie sincèrement les Professeurs Jean-Yves Tilliette et Jean Wirth, de l'Université de Genève, qui ont dirigé ce travail avec attention. Ma gratitude va également au Professeur Alain de Libera pour sa confiance et son soutien. Finalement, j'ai une pensée particulière pour Georges Terrier. Son aide précieuse et efficace ainsi que ses encouragements ont permis la réalisation de ce travail.

PREMIÈRE PARTIE

LE *DE PIGNERIBUS* DE GUIBERT DE NOGENT

RÉSUMÉ DU *DE PIGNERIBUS*

Avant d'aborder le livre 2 du *De pigneribus*, et pour mieux le comprendre, il est nécessaire de l'envisager en regard de l'ensemble du traité. Comme nous l'avons souligné plus haut, seul le premier livre a fait jusqu'ici l'objet d'une attention particulière, et la plupart des études s'appuient sur le résumé qu'en a donné Abel Lefranc en 1896[1]. Nous présentons donc ici une paraphrase très proche du texte, sans analyse. Pour les renvois à des numéros de lignes nous utilisons, dans cette partie, l'édition de Robert Burchard Constantijn Huygens[2], sauf pour la partie concernant le livre 2 où les renvois se réfèrent aux numéros de lignes du texte latin transcrit dans la deuxième partie.

1. A. Lefranc, *op. cit.*

2. Guibert de Nogent, *Quo ordine sermo fieri debeat. De bucella Judae data et de veritate dominici corporis. De sanctis et eorum pigneribus*, (CCCM, CXXVII), éd. R.B.C. Huygens, Turnhout, Brepols, 1993, p. 79-175.

PROLOGUE

Le prologue se divise en trois parties et débute par l'annonce du destinataire, Eudes, abbé de Saint-Symphorin. Puis, Guibert explique les motivations qui l'ont poussé à rédiger ce traité. Il souhaite donner un avis concernant le fait que les moines de Saint-Médard prétendent posséder une dent du Christ [1]. Il avait par ailleurs déjà commencé un écrit à ce sujet, mais cela, c'était avant que les discussions au sujet de la dent ne se focalisent sur le corps eucharistique qu'il appelle « vicaire du corps du Christ ». Il a ensuite complété son traité en prenant en compte les débats auxquels il a participé. En dernier lieu, Guibert s'oppose à quelques objections qui lui furent adressées à la lecture du traité. Il lui fut en effet rétorqué que l'expression *vicarium Christi corpus*, qu'il utilise pour nommer le corps eucharistique, était mal appropriée, un vicaire étant subordonné à celui dont il est le remplaçant [2]. À cela, Guibert réplique qu'il lui semble avoir suffisamment démontré que ce n'était pas le cas et que, pour lui, il n'est pas question de substitution mais d'identité. De plus, son détracteur lui a fait savoir que le passage 5,3 du livre des Sagesses s'oppose à ce qu'il affirme

1. Préface, 4-8 : « *Cum plurimae questiones super dente Salvatoris, quem nobis contigui Sanctimedardenses habere se asserunt, apud me perstreperent, cum vulgariter aliquibus sategissent, censui litteris pauca super capitulo isto perstringere et tacitis aliorum sensibus quid animus meus inde sentiret edicere* » (« Comme plusieurs questions sur une dent du Sauveur, que nos voisins les moines de Saint-Médard affirment posséder, me sont venues aux oreilles, et comme ils se sont donnés communément de la peine sur d'autres sujets, j'ai décidé de raconter par écrit quelques pensées sur ce sujet et de proclamer ce que je pense à d'autres, qui n'ont pas exprimé leurs opinions »).

2. Préface, 24 : « [...] *quod id quod vicarium dicitur minus eo, cuius vicarium est, aliquotiens estimatur* » (« [...] parce que ce qui est appelé vicaire est parfois considéré comme moins important que celui dont il est le vicaire »).

dans le livre 4, à savoir que les damnés arrivés en enfer regrettent de ne pas avoir davantage péché, car ils sont incorporés à Satan de même que les élus le sont à Dieu [1].

1. IV, 411-425.

LIVRE I : LES SAINTS ET LEURS RELIQUES

Avant de discuter plus précisément la question des saints et de leurs reliques, Guibert commence par expliquer que le Christ est ressuscité au ciel en entier et que, par conséquent, il ne peut avoir laissé de reliques sur terre. « Si c'est un mal de se tromper sur les conditions de la résurrection générale, il est bien plus pervers de penser que quelque chose puisse avoir manqué au Chef lors de sa résurrection » [1]. De plus, il nous a été promis que notre corps, à l'image de celui du Christ, ressuscitera dans son intégralité. Or, on ne peut imputer un mensonge à Dieu. Ainsi, l'existence d'une relique du corps du Christ entrerait en parfaite contradiction avec le dogme de la résurrection. Plus loin dans le livre 1, Guibert donne également son opinion sur la résurrection de la Vierge. Il « est habitué à ce que tant de pudeur se trouve dans la bouche de toute la sainte église, de sorte qu'elle n'ose pas parler du corps de la Vierge glorifié par la résurrection » [2]. Pourtant, comment penser que « ce vase, plus brillant que toute créature après le Fils » [3] connut l'expérience de la corruption ? Penser cela est un crime ; il est impossible qu'elle, dont la chair est pareille à celle du Fils, réside dans la terre. Il semble évident qu'elle a ressuscité avec son Fils. Or,

1. I, 1-3 : « *Si de statu generalis omnium resurrectionis errare malum est, multo amplius ipsi Capiti resurgenti aliquid detraxisse perversum* ».

2. I, 490-492 : « *Sed quid in iis diu [versatur], cum tanta sit in totius sanctae aecclesiae ore pudicicia, ut etiam matris dominicae corpus resurrectione glorificatum decere non audeat,* [...] ».

3. I, 494 : « [...] *vas illud, omni creatura post filium preclarius* ». Guibert énonçait déjà dans son *De Vita sua* un scepticisme prononcé envers des reliques de la Vierge. Lors de la tournée des reliques destinée à récolter de l'argent en vue de la reconstruction de la cathédrale de Laon, il explique que le reliquaire contenait plusieurs reliques, « [...] ainsi que – mais je n'en suis pas certain – des cheveux de ladite Notre Dame ». Guibert de Nogent, *Autobiographie*, *op. cit.*, p. 381.

par manque de preuves, l'Église ne parle pas de sa résurrection. Et, souligne Guibert, il y a là contradiction avec le sujet qui l'occupe dans ce livre 1, à savoir les saints et leurs reliques. En effet, si le silence au sujet de la Vierge est de mise, que dire alors de ceux dont on ignore s'ils ont obtenu le salut[1] ?

LE CULTE DES SAINTS ET LES FAUX SAINTS

Guibert commence par situer le culte des saints par rapport aux sacrements et aux autres coutumes de l'Église et souhaite montrer le rôle mineur qu'il devrait tenir dans la vie du fidèle. Ce culte, bien que prêché et pratiqué dans les églises, n'est pas nécessaire au salut, contrairement au baptême et à l'eucharistie qui, en tant que sacrements, sont tenus par l'autorité et sont inchangeables. Il se situe sur le même plan que le jeûne ou la psalmodie, actes pour lesquels il n'existe pas de règles fixes et dont chacun dispose librement[2]. De cette liberté découle le premier et principal problème : la proclamation de sainteté d'une personne (la canonisation). Seule la tradition certaine et ancienne, écrite ou orale, peut confirmer la véracité de sainteté, et non l'opinion publique, comme cela se passe trop fréquemment[3], donnant naissance à toute une légion de « faux saints ». Par ailleurs, il existe d'innombrables saints dont la vie et la mort sont ignorées, et Guibert se demande comment justifier la demande d'intercession d'un saint dont on ignore la biographie et sa place auprès de Dieu[4]. Il tranche

1. I, 519-523 : « *Si de illa, cuius gloriam metiri omnis creatura non prevalet, ea quae premissa sunt docere non possumus, de iis, quorum salus et perditio incerta sunt, quid nisi silentium sempiternum imperare debemus ?* » (« Si, au sujet de la Vierge, nous ne pouvons enseigner les choses qui sont annoncées, elle dont aucune créature ne peut mesurer la gloire, alors que devons-nous ordonner, si ce n'est le silence éternel, au sujet de ceux dont le salut ou la perte sont incertains ? »).

2. I, 32-34 : « *Si ergo diversum quippiam psallis dissimiliterque ieiunas, non est competens aut idoneum ut hoc aliis non minora bona tractantibus importunus predices aut iniungas* » (« Si donc, tu psalmodies en variant et tu jeûnes de manière différente, il n'est pas juste et approprié que tu imposes ou que tu proclames sévèrement tes vues aux autres qui ne font pas des choses moins bonnes »).

3. I, 67-69 : « [...] *in quibus [cadavera] equidem ea sola autentica ratio habenda esset ut is duntaxat diceretur sanctus, quem non opinio sed vetustatis aut scriptorum veracium traditio certa firmaret* » (« [...] la seule raison qu'ils soient considérés comme authentiques est qu'une personne soit déclarée sainte par une tradition certifiée de l'ancienneté ou des écrits et non par l'opinion »).

4. I, 95-99 : « *Quid super illis agam, quorum nec initia nec media ulli patent et, in quo omnis laus cantatur, finis penitus ignoratur ? Et quis illos ut se juvare debeant deprecitur,*

finalement en disant que, pour affirmer la sainteté d'une personne, il doit y avoir révélation divine [1]. Puis, faisant preuve de toute la verve ironique et sarcastique qui le caractérise, Guibert cite plusieurs exemples absurdes en matière de sainteté : un saint breton célébré dans un premier temps comme un saint confesseur, puis subitement et sans aucune raison, célébré comme un martyr ; saint Piron, dont la vie est relatée dans la *Vie de Samson* [2], mort en tombant dans un puits tant il était ivre ; ou encore, l'exemple du prédécesseur de Lanfranc à l'épiscopat de Canterbury qui mourut en prison pour avoir refusé que le peuple paie une rançon pour le libérer, et que de fait, Anselme, successeur de Lanfranc, considéra comme saint [3]. Ainsi, avant de prier un saint, il est indispensable de s'assurer qu'il s'agit bien d'un saint authentique, car « quelle plus grande perversité y a-t-il que de placer sur les autels sacrés des personnes qu'il convient peut-être d'enlever de ces lieux ? » [4]. Guibert affirme aussi que si mourir dans le

quos nescit utrum quippiam apud deum mereantur ? » (« Que puis-je dire sur ces saints dont personne ne connaît ni les débuts ni le milieu de leurs vies, et dont la mort, pour laquelle on chante des louanges, est ignorée ? Et qui leur demanderait de prier pour soi, alors qu'il ignore s'ils sont admis auprès de Dieu ? »).

1. III, 638-640 : « [...] *nullus quamvis bonum ad speciem habitum efferens, pro sancto facile habeatur, nisi quoque pacto ex divina revelatione probetur* » (« Personne, même celui qui porte une belle apparence, ne doit être considéré facilement pour un saint, sauf si c'est prouvé par une révélation divine à l'accord de chacun »), K. Guth, *op. cit.*, p. 84.

2. *La vie ancienne de Saint Samson de Dol*, texte édité, traduit et commenté par Pierre Flobert, Paris, CNRS Édition, 1997, p.199. « [...] *idem Piro in tenebrosa nocte et, quod est gravius, ut aiunt, per ineptam ebrietatem in claustra monasterii deambulans, solus, in puteum valde vastum se precipitavit, atque unum clamorem ululatus emittens, a fratibus fere mortuus a lacu abstractus est et ob hoc, ea nocte, obiit* » (« Le même Piron, en se promenant seul dans le cloître du monastère par une nuit obscure et, à ce qu'on dit, chose plus grave, dans un stupide état d'ivresse, tomba la tête la première dans un puits très profond. Il poussa un cri perçant et fut retiré de la fosse presque mort par les moines ; puis il mourut la même nuit des suites de sa chute »).

3. Il s'agit de saint Elphège, capturé en 1012 lors des invasions danoises en Angleterre et lapidé après sept mois de détention. Lanfranc souhaitait que le culte d'Elphège soit suspendu. Cependant, Anselme de Canterbury estima que sa mort pour la justice faisait de lui un martyr. Voir M. Gibson, *Lanfranc of Bec*, Oxford, Clarendon Press, 1978, p. 171 et 219 ; Eadmer (moine de Cantorbery), *Histoire des temps nouveaux en Angleterre (livres I-IV),* d'après le texte établi par Martin Rule et *Vie de saint Anselme,* d'après le texte établi par R.W. Southern, trad. fr. par Henri Rochais, Paris, Éditions du Cerf, 1994, p. 31 ; 298-290.

4. I, 139-140 : « [...] *quae maior perversitas quam tales sacris altaribus intrudere, quos fortassis ab ipsis sacris aditis conveniabat extrudere ?* ».

Luc d'Achery, à propos de la nécessité de discuter de la sainteté d'une personne, cite le chapitre 28 du capitulaire de Charlemagne qui précise qu'il ne faut pas vénérer de nouveaux saints sans l'approbation de l'évêque. De plus, le concile de Latran IV affermit cette position en déclarant qu'une nouvelle relique doit être approuvée par le pape et que les prélats ne

sang au nom de la foi chrétienne peut contribuer à l'accès à la sainteté, ceci ne constitue cependant pas un critère suffisant. En effet, parmi ceux qui sont morts en martyrs, tous ne sont pas saints pour autant. Les Donatistes, par exemple, qui « ont souffert comme des martyrs, mais moururent en vain, parce qu'ils furent excommuniés » [1]. Le cas des confesseurs est particulièrement délicat. « Si la foi de toute l'église s'accorde pour Martin de Tours, Rémi de Reims, et des saints semblables, que dirais-je de ceux que la foule crée quotidiennement à travers les villes et les bourgades comme rivaux de ceux cités plus hauts [les martyrs] » [2]. C'est en quelque sorte la course au saint patron, chacun voulant posséder le sien qui surpasserait en importance celui des autres. Pourtant, on ne connaît rien de fiable sur la vie de ces prétendus saints, si ce n'est leur nom, et prier l'un d'eux, constitue un véritable péché et irrite Dieu. C'est lui faire offense, en effet, que d'adresser une prière à ce défenseur qu'il ne connaît pas [3]. De plus, dans ces conditions, rien ne permet d'affirmer que le destinataire de la prière soit en vérité meilleur que celui qui prie.

Faire des miracles ou avoir des visions ne suffit pas non plus pour établir la sainteté. Les visions de Vespasien, de Jules César, d'Octavien, de Charlemagne et de son fils Louis, tout comme les guérisons miraculeuses des rois de Lotharingie, d'Angleterre et de Louis VI, n'octroient pas à ces personnages illustres le statut de saint [4]. Les signes et les visions ne sont pas là pour augmenter la gloire de celui par qui ils se produisent, mais pour accroître la foi des auditeurs [5]. Pour preuves de ces propos, Guibert cite un événement qui se passa à Pâques de l'année précédente, dans la ville de

doivent pas accepter ceux qui viennent dans leurs églises pour vénérer des images vaines ou de faux documents, comme cela se passe fréquemment dans plusieurs églises. (L. d'Achery, *op. cit.*, col. 1022B).

1. I, 435-437 : « *Donatistae non imparia martiribus passi sunt, et quia extorres a caritate fuerunt, frustra tulerunt* ».

2. I, 443-445 : « *Si in Martino, Remigio ac similibus totius ecclesiae sensus adequitat, quid de eis inferam, quos prefatorum emulum per villas ac oppida cotidie vulgus creat ?* ».

3. I, 474-475 : « [...] *ad eius nanque iniuriam respicit, ad quem is prolocutor dirigitur, quem non novit* ».

4. I,140-166. Bien que largement glorifié, Charlemagne n'est pas encore canonisé au moment où Guibert écrit. Il le sera en 1165, à l'initiative de Frédéric Barberousse, par l'anti-pape Pascal III. Cette canonisation ne sera pas ratifiée par l'Église, mais son culte se développera.

L. d'Achery, *op. cit.*, cols 1022C-1023B, commente ce passage. Il donne l'étymologie du mot « écrouelle » qui provient du grec et signifie des glandes sur le cou, l'aine et les aiselles. Il déclare que les rois français, selon les écrivains, ont le pouvoir de guérir et cela dure encore à son époque. Il mentionne plusieurs rois thaumaturges.

5. I, 199-200 : « [...] *audientium fidei addit magnificentiam* ».

Soissons. Un petit enfant, accompagné à la communion par sa mère, vit, au moment de la consécration, un garçon debout sur l'autel, là où se trouvaient les espèces eucharistiques [1]. Puis, il aperçoit le prêtre vêtir ce garçon d'habits blancs. Il fit part de sa vision à sa mère, qui, comme le reste de l'assemblée, ne voyait rien. Guibert conclut que cette vision n'augmente nullement la gloire de l'enfant, bien trop petit pour comprendre ou même se rappeler ce qu'il a vu [2], mais qu'elle sert à accroître la foi des personnes présentes.

Dans d'autres cas, les miracles servent à montrer que la grâce divine (*misericordia divina*, 1, 235) a touché une personne pécheresse, qui obtient le salut par son repentir. Le récit d'une jeune fille de Cambrai, qui entretint des relations incestueuses avec son frère, offre un exemple éloquent. La peur et la honte poussent la fille à se confesser. Le jeune homme, lui, tente de tuer sa sœur en la poussant dans un puits pour mieux la lapider. Celle-ci parvient à se protéger des jets de pierre grâce à un creux à l'intérieur du puits, où elle restera quarante jours avant d'être trouvée par des bergers. Ainsi, ce miracle n'atteste pas de la sainteté de la jeune fille mais témoigne de son absolution, assurée par la confession et la correction de son attitude. Il en est de même pour Erlebald, cardinal de Cambrai, qui mena une vie exemplaire dans la mortification. Tourmenté cruellement par des démons trente jours avant son décès, il apprend que ses souffrances sont dues à la discipline laxiste exercée envers les clercs qu'il avait à charge. Il doit donc se rattraper avant sa mort. L'apparition d'une nonne à une autre nonne permet à la communauté ecclésiastique d'être avertie du bon résultat des dernières actions du cardinal, qui accède désormais à la béatitude de la vision éternelle de Dieu. Les miracles se produisent donc bien souvent pour des raisons autres que pour prouver la sainteté.

La critique des clercs

Guibert ne mâche pas ses mots à l'égard des clercs qui profitent du culte des reliques. Il incombe aux prêtres de corriger les mauvaises opinions des

1. Luc d'Achery insiste sur le fait qu'à cette époque la communion était donnée aux petits enfants et il cite à ce propos une *Epistola* de Gilbert de la Porée, évêque de Poitiers (1142-1154). L. d'Achery, *op. cit.*, cols 1023C-1026C.

2. I, 200-203 : « *Et quomodo id suae utilitati tantum aut gloriae vidisse dicatur, qui vix aut nullo modo utpote infra sensum quid olim viderit meminisse dinoscitur ?* » (« Et comment peut-on dire qu'il a eu cette vision pour son avantage ou pour sa gloire, lui qui possède à peine, voire pas du tout, l'intelligence pour se rappeler ce qu'il a vu ? »).

fidèles lorsqu'ils honorent un homme dont la sainteté n'est pas avérée. Or, force est de constater que ceux-là agissent bien souvent dans le sens contraire. Ils profitent de la crédulité des fidèles pour leur soutirer de l'argent, mentent sciemment et inventent de prétendus miracles par cupidité et pour augmenter la richesse de leur monastère. Guibert les condamne sévèrement et, à nouveau, renforce son propos par une anecdote. Un fils de chevalier fut tué un Vendredi Saint près de Beauvais. « Une sainteté sans motif commença à être imputée au mort en raison du jour saint de son décès »[1] et une quantité de gens du peuple (*rustici*, I, 383) apportèrent des offrandes sur son tombeau au-dessus duquel un édifice fut ensuite construit. De là, le lieu devint rapidement un lieu de pèlerinage très fréquenté. Et Guibert de critiquer violemment, avec un langage plein d'esprit et de virulence, l'abbé et les moines de ce monastère. « Cet abbé, avec ses moines religieux, voyait cela très sagement et, séduit par le nombre de dons apportés, supportait que de faux miracles soient rapportés. Dans les cœurs avides d'une foule ignorante, se trouvent des surdités feintes, des folies affectées, des poings serrés par l'ardeur, des pieds retournés sous les fesses. Que fait un homme modeste et sage qui présente une proposition de sainteté, tandis qu'il se montre favorable à de tels cultes ? Nous voyons souvent ces cultes rendus banals par le chuchotement et le cortège ridicule autour des cercueils. Chaque jour, nous voyons les bourses profondes d'autrui vidées par les mensonges de ceux que Jérôme désigne comme des enragés par la force de leur élocution. Nous sommes ébranlés par leur si grande nébulosité, nous sommes frappés par leur altération des choses divines, de sorte que, selon le maître cité ci-dessus, Jérôme, ils l'emportent sur les bouffons, les goinfres et les gloutons dans leur appétit et surpassent les corbeaux et les pies dans leur caquetage dérangeant »[2]. Guibert de Nogent juge leur comportement tout à fait inacceptable et donne encore un autre exemple concret et éloquent.

1. I, 383-384 : « *Cepit mortuo illi, pro sacra illa in qua obierat die, gratuita sanctitas imputari* [...] ».

2. I, 388-402 : « *Videbat haec ille sapientissimus abba cum suis religiosis monachis, et munerum comportarum blandiente frequentia infecta miracula fieri supportabat. Etsi in profani vulgi avaris pectoribus capi potuerunt ficticiae surditates, affectatae vesaniae, digiti studio reciprocati ad volam, vestigia contorta sub clunibus, quid facit modestus et sapiens, qui prefert propositum sanctitatis, dum fautorem se prebet in talibus ? Crebro teri perspicimus ista susurro et facta feretrorum circumlatione ridicula et eorum, quos a rabie declamandi rabulos Ieronimus vocat, mendaciis cotidie cernimus alieni marsupii profunda nudari. Quorum tanta nebulonitate concutimur, tanta divinorum adulteratione ferimur, ut iuxta prefatum doctorem scurras, elluones et catellanos ligurriendo exuperent, corvos ac picas importuna garrulitate precedant* ».

Une église très connue (*celeberrima quaedam ecclesia*, I, 404), – la cathédrale Sainte-Marie, à Laon [1] –, avait besoin de fonds pour sa reconstruction suite à l'incendie. Un défenseur acharné de cette cause (*adhibito prolocutore*, I, 405) présente à la foule une petite capsule contenant « le pain même que le Seigneur a mâché de ses propres dents » [2] ! Guibert, pris à témoin par cet homme, n'osa dénoncer la supercherie, par peur des invectives de l'auditoire, mais il n'en pensa pas moins.

Les vrais saints et leurs reliques

Guibert de Nogent passe ensuite aux saints (apôtres, martyrs, confesseurs) avérés et que la foi de l'Église soutient ainsi qu'à leurs reliques. Il y a dans ces cas-là aussi une infinité d'erreur qui est commise (*error est infinitus*, I, 534-535), nous dit-il, puisqu'il arrive que les uns affirment posséder une relique déjà conservée par d'autres. Les habitants de Constantinople et ceux de Saint-Jean d'Angély prétendent détenir la tête de saint Jean-Baptiste [3]. Incontestablement, les deux villes mentent, car ni l'une ni l'autre n'a la vraie tête, et pourtant, toutes deux vénèrent cette relique. Or, même s'il s'agit d'une tête de saint et non d'un quelconque individu, « le péché du mensonge n'est pas moindre » [4]. Guibert entend des affaires de ce genre tous les jours. Saint Firmin, dont le corps est possédé par Amiens ainsi que par Saint-Denis [5] ; un évêque qui achète le corps d'un paysan nommé Exupère et le fait passer pour saint Exupère ; et bien d'autres encore. D'après Guibert, les corps des saints n'ont pas à être transférés dans des châsses somptueuses d'or ou d'argent. Dieu a dit : « tu es terre et tu retourneras dans la terre » [6] et non « tu es d'or ou d'argent et tu retourneras dans l'or ou l'argent » [7]. « Quelle dignité y a-t-il à déposer un corps dans de l'or ou de l'argent alors que le Fils du Seigneur fut

1. Guibert de Nogent, *De sanctis et eorum pigneribus*, *op. cit.*, p. 98, note de l'éditeur. L'église fut incendiée le 25 avril 1112. Guibert participa à la tournée des reliques destinée à récolter l'argent pour la reconstruction. Les reliques se montrèrent efficaces et plusieurs miracles se produisirent. Cf. *id.*, *Autobiographie*, *op. cit.*, p. 379-395.

2. I, 408-409 : « [...] *de pane illo, quem propriis dominus dentibus masticavit* ».

3. I, 536-538.

4. I, 549 : « [...] *non mediocre tamen mendacii malum est* ».

5. Luc d'Achery cite le récit des translations des reliques de Firmin par Nicolas, jeune cénobite de Saint-Crespin de Soissons, car ce texte-ci contredit Guibert. (L. d'Achery, *op. cit.*, cols 1027D-1037D).

6. I, 607. Gen. 3, 19 : « [...] *terra es et in terras ibis* ».

7. I, 608-609 : « [...] *aurum vel argentum es, in aurum vel argentum ibis* ».

enfermé par une vile pierre ? »[1]. De plus, ajoute-t-il, il est particulièrement scandaleux de fouiller les tombes des saints et de couper leurs corps en morceaux. La solution pour remédier à ce commerce honteux de bouts de corps et à la multiplication de mêmes reliques – qui ne peuvent donc être que de fausses reliques – consiste à laisser tranquillement les corps dans leurs tombeaux[2]. « S'il était possible que chacun soit en repos dans son tombeau, toute la dispute sur l'échange ou le commerce des corps saints et des reliques se tairait. Les uns ne diraient pas posséder un tel et les autres le même s'ils restaient en entier dans leur tombe, comme ce serait juste. Et pendant que tous reposeraient immobiles dans la terre qui leur fut attribuée, les fraudes que nous examinons sur la distribution de leurs corps coupés en morceaux ne se produiraient pas et des gens indignes n'occuperaient pas la place de gens dignes »[3]. Guibert termine son premier livre sur des paroles tout de même consolantes. Ceux qui vénèrent de bonne foi les reliques d'un saint, même s'il s'agit de celles d'un autre, ne pèchent pas. Une prière sincère plaît à Dieu, même si elle s'adresse à une personne considérée à tort comme sainte. L'intention fervente est la condition première d'une prière pieuse : « l'oreille divine mesure les intentions plutôt que les paroles [...]. Dieu n'est pas soucieux de grammaire, aucune voix ne pénètre en lui, il est attentif au cœur »[4].

1. I, 621-623 : « *Et quae dignitas ut quis auro argentove claudatur, cum dei filius saxo vilissimo obstruatur ?* ».

2. À propos du commerce des reliques, le concile de Poitiers II de 1109 condamna la procession de reliques dans le but de récolter de l'argent. L. d'Achery, *op. cit.*, col. 1038A.

3. I, 696-702 : « *Si sic quietum suis tumulis fore quenque liceret, super corporum pignerumve sacrorum mutatione sive concambio altercatio tota sileret, nec ii illum, illi eundem habere se dicerent si illibata universorum, ut iustum esset, monumenta manerent, et dum omnes in sibi attributa terra immoti quiescerent, fraudes quas prelibavimus super eorum multifida distributione non fierent nec indigni dignorum loca tenerent* ». Dans la *Gesta Dei per Francos*, nous retrouvons les mêmes paroles. Guibert s'offusque de constater que deux têtes de saint Jean-Baptiste sont conservées et il attribue la cause de ce mal et de ces erreurs au fait qu'on ne laisse pas les corps reposer tranquillement dans leurs tombeaux. Guibert de Nogent, *Geste de Dieu par les Francs*, *op. cit.*, p. 69.

4. I, 735-739 : « [...] *auris divina intentiones potius quam verba metitur.* [...] *non est deus grammaticae curiosus, vox eum nulla penetrat, pectus intendit* ».

Luc d'Achery signale que Guibert suit saint Augustin (*De opere Monachorum*, ch. 28) dans sa critique des translations et des morcellements des corps saints : « *Multos hypocritas sub habitu monachorum usquequaque dispersit (daemon) circumeuntes provincias, nusquam sedentes ; alii membra martyrum, si tamen martyrum membra, venditant, etc.* [...] » (« Il [le diable] a dispersé partout un grand nombre d'hypocrites sous l'habit monastique, les emmenant dans les provinces, ne les déposant nulle part ; les uns vendant des morceaux de martyrs, pour autant que ce soient bien des morceaux de martyrs, [...] »), cité par L. d'Achery, *op. cit.*, col. 1039D.

En dénonçant l'existence de toute relique du Christ et de la Vierge comme contraire au dogme de la résurrection, Guibert amorce dans le livre 1 une discussion qu'il développera au début du livre 2. Concernant les reliques des saints, il s'y oppose, bien qu'il admette leur culte. Par contre, il s'indigne absolument contre les prétendus saints, vénérés sans aucune raison et dont on ne sait rien. Pour décider de la sainteté d'une personne, il faut tout connaître d'elle. Et bien trop souvent, on considère un homme comme saint en se basant uniquement sur sa mort lorsque celle-ci s'apparente à celle d'un martyr, ou sur ses miracles. Pourtant, ni l'un ni l'autre ne sont systématiquement des signes de sainteté. Pour les fidèles, la conséquence la plus fâcheuse est avant tout de prier une personne dont le statut auprès de Dieu est incertain. Il vaudrait donc mieux laisser les saints dans leurs tombeaux au lieu de les exhiber dans des châsses somptueuses, et faire cesser la course au saint patron. Pour avoir participé à la tournée des reliques orchestrée par le chapitre de la cathédrale de Laon, Guibert a été témoin des mensonges des clercs à qui il appartient pourtant de contrôler le culte des saints. Il critique virulemment leurs manœuvres profitant de la crédulité des fidèles et dues à la cupidité. Guibert reconnaît que ce culte, comme celui rendus aux faux saints, est trop répandu pour être éradiqué ; sa démarche est donc plutôt une tentative de limiter les erreurs et les abus qu'une telle pratique peut entraîner.

LIVRE II : LE CORPS BIPARTITE DU SEIGNEUR

Le livre 2 est divisé en sept parties. Dans la première, Guibert opère une distinction entre le corps principal (corps historique) et le corps figuré, ou mystique (corps eucharistique) du Christ (7-50)[1]. Il montre que seul le corps figuré renouvelle la présence du Christ sur terre ; il n'existe plus de trace du corps principal (51-108). Dans la deuxième, il explique le fonctionnement et le but du sacrement (109-188). Puis, il tente de démontrer, par bon nombre d'arguments, que le Christ vivant se trouve dans l'eucharistie, car il n'est jamais mort (196-227). Dans la quatrième, il énonce sept objections concernant la prise du sacrement selon la dignité ou l'indignité de la personne qui le reçoit (228-457). Dans la cinquième, il insiste sur le fait que les indignes ne prennent pas la chose du sacrement, bien qu'elles reçoivent le sacrement (458-551). Dans la sixième, Guibert poursuit en montrant longuement que le Christ dans l'eucharistie est incorruptible et immortel (552-650). Finalement, dans la septième, il s'indigne contre l'opinion qui veut que le Christ soit crucifié à chaque célébration de la messe (651-765).

Guibert traite de l'eucharistie poussé par la prétention des moines de Saint-Médard de posséder la dent de lait du Christ. Il poursuit ce qu'il a amorcé au livre 1, à savoir l'impossibilité qu'il existât une quelconque relique du Sauveur. L'enjeu principal du livre 2 est de montrer que le Christ reste toujours intact et incorruptible, lui qui siège désormais glorieux à la droite du Père. Nous verrons par la suite les raisons qui poussèrent Guibert à montrer que quels que soient les aléas subis par l'hostie ou les mœurs de la personne qui l'absorbe, le Christ ne subit aucune atteinte. L'argumentation principale de Guibert à ce sujet s'appuie sur une notion qu'il invente, celle d'identité vicariale (*vicaria identitas*, 27).

1. Les numéros de ligne se réfèrent au texte latin de la deuxième partie, dès la page 56.

L'EUCHARISTIE EST LE SEUL GAGE DE LA PRÉSENCE DU CHRIST SUR TERRE

Guibert débute le livre 2 du *De pigneribus* par une brève introduction, dans laquelle il explique que le sujet de cette partie – sujet très délicat à propos duquel plusieurs personnes sont venues l'interroger – porte sur le corps du Seigneur dans le sacrement de l'eucharistie. Il en vient à traiter ce problème suite à son indignation contre les moines de Saint-Médard de Soissons qui prétendent posséder la dent de lait du Christ et contre d'autres abbayes qui conservent le cordon ombilical ou le prépuce du Christ. Il veut démontrer qu'il ne peut exister sur terre un reste, aussi infime soit-il, du corps du Christ, né de la Vierge, crucifié et ressuscité. En effet, la présence d'une telle relique entre en parfaite contradiction avec le sacrement de l'eucharistie qui nous a été transmis. Le Christ n'aurait eu aucune raison de nous donner en gage (*oppignerare*, 54) son corps à travers l'eucharistie s'il nous avait déjà laissé des restes de lui ; il n'aurait eu aucune raison d'amener le mystère eucharistique, alors qu'une seule particule de son corps nous aurait amplement suffi. Il aurait été d'ailleurs plus simple de nous laisser un morceau de son corps historique[1], immédiatement accessible, tangible et qui suffirait à notre joie et à la foi, plutôt que de nous transmettre un corps invisible, masqué derrière les apparences du pain et du vin, nécessitant une élévation de notre esprit à travers la contemplation. La présence simultanée sur terre de deux corps, l'historique (qu'il nomme principal, comme nous le verrons plus bas) et le sacramentel (appelé mystique ou figuré) n'aurait aucun sens. Le Christ nous est rendu présent uniquement par ce corps-ci. Pour le prouver, Guibert s'appuye sur deux arguments principaux : les paroles christiques et l'utilité de la contemplation pour exercer la foi, puisque c'est par ce biais qu'il est possible de percevoir l'invisible à travers le monde visible.

Il invoque à cet effet trois paroles christiques. La première, « chaque fois que vous le ferez, faites-le en mémoire de moi »[2] – formule de l'institution eucharistique – signifie que le Christ nous a laissé son corps à travers ce sacrement pour nous restituer sa présence, comme il ne nous a

1. Nous utilisons l'expression « corps historique » pour désigner le corps de Dieu incarné, qui vécut sur la terre. Ce terme n'est pas utilisé par les auteurs de la période. La notion de Jésus historique n'apparaît qu'en 1778, dans le travail d'Hermann Samuel Reimar, mort en 1768. Son manuscrit fut récupéré par Gotthold Dphraim Lessing, qui le morcela en sept fragments qu'il publia entre 1774 et 1778. J. Jeremias, *Le problème historique de Jésus Christ*, trad. de l'allemand par Jacques Schlosser, Paris, Éditions de l'Épi, 1968, p. 13-15.

2. *Canon missae* 7.

rien laissé d'autre. Le Christ enseigne de le faire en sa mémoire, ce qui n'aurait pas de sens si nous avions déjà des bouts de son corps principal pour se le remémorer. La seconde parole, « vous ne m'aurez pas toujours » [1], est à entendre comme une absence de présence charnelle, ce que ne contredit pas l'affirmation « Je suis tous les jours avec vous, jusqu'à la fin du monde » [2], puisqu'il est question ici de présence spirituelle. Guibert poursuit en précisant que cette absence corporelle vaut même pour un minuscule bout de corps, une partie valant pour le tout. De fait, il est impossible qu'il y ait la moindre particule du Christ sur terre et ceux qui affirment le contraire se trompent. Finalement, on trouve une autre preuve de cette absence corporelle à travers la parole citée dans l'évangile de Jean (16, 6) : « Il est utile que je m'en aille : car si je ne pars pas, le Paraclet ne viendra pas ». Le Christ a supprimé sa présence corporelle pour permettre au Saint Esprit de venir, comme si en ôtant tout élément matériel, il souhaitait que notre esprit s'élève pour l'atteindre par la contemplation.

Cette élévation de l'esprit s'acquiert au prix d'un grand effort, plus bénéfique lorsqu'il s'agit de chercher l'objet de désir et d'amour. Ainsi, Dieu a choisi que nous l'atteignions d'une manière plus difficile que simplement par les sens extérieurs. Le sacrement s'adresse à l'homme intérieur. Cette notion fut définie par saint Augustin en opposition à l'homme extérieur [3]. L'homme intérieur détermine l'âme rationnelle capable d'atteindre Dieu par la contemplation, tandis que l'homme extérieur se réfère au corps de l'homme [4]. Seul le premier est, en effet, capable de percevoir et de comprendre Dieu avec les yeux de l'esprit et non avec les yeux du corps [5]. Guibert développe particulièrement cette

1. Jn 12,8.

2. Mtt 28, 20.

3. Augustin, *Epistola CCXXXVIII*, 12 (PL XXXIII col. 1042) : « *Cum homo interior et homo exterior non sint unum* ».

4. Augustin, *De magistro*, intr., trad., notes par G. Madec, « Bibliothèque augustinienne », t. 6, Paris, Institut des études augustiniennes, 1993, XII, 40, p. 140 : « [...] *in illa interiore luce Veritatis, qua ipse qui dicitur homo interior inlustratur et fruitur ; sed tum quoque noster auditor, si et ipse ille secreto ac simplici oculo videt, novit quod dico sau contemplatione, non verbis meis* » (« [...] dans cette lumière intérieure de la Vérité qui inonde de clarté et de joie ce que nous appelons l'homme intérieur ; mais alors notre auditeur aussi, s'il voit lui-même ces choses par cet oeil secret et simple, connaît ce que je dis par sa propre contemplation et non par mes paroles ») (traduit par G. Madec) ; Augustin, *Epistola CCXXXVIII*, *op. cit.* : « [...] *exterior cum nuncupato corpore dicitur homo, interior autem in sola rationali anima intelligitur* ».

5. Augustin, *Epistola CXLVIII*, 18 (PL XXXIII col. 630) : « [...] *homo interior videbit Deum,* [...] *videt modo ullus oculus carnis, [...] tamen [...] oculus mentis* ».

ascension vers Dieu à travers la contemplation et l'exercice de la foi dans le livre 4 justement intitulé *De interiori mundo.*

Ainsi, en raison du dogme de la résurrection et du mystère eucharistique, Guibert prouve dans les livres 1 et 2 la non-existence de reliques du Christ sur terre. S'il nous avait laissé des morceaux de lui-même, nous aurions à disposition deux corps pour nous le remémorer : celui qui a vécu sur terre et celui qui est présent dans l'eucharistie. Or, une telle situation poserait problème en regard de la promesse de résurrection faite aux hommes, résurrection intégrale calquée sur la sienne. Par conséquent, le Christ, ressuscité entier, siège désormais glorieux auprès du Père, et pour assurer sa présence terrestre, il a laissé un corps vicarial derrière les apparences du pain et du vin.

Le fonctionnement du sacrement de l'eucharistie

Guibert explique le fonctionnement du sacrement de l'eucharistie, qui ne s'adresse qu'aux baptisés (185). Il développe la parole christique « celui qui me mange vit par moi » [1]. La chair et le sang vivifient celui qui mange cette substance. Mais cette manducation est à comprendre au sens intérieur, c'est-à-dire avec les perceptions de l'homme intérieur, car il est impossible que tout le corps soit mangé. La foi enseigne que le corps entier est contenu dans un petit morceau de pain. Toutefois, contrairement aux autres choses existantes, la mesure dans l'eucharistie ne compte pas et un petit bout de pain contient un corps tout entier. En outre, même si l'on prend plusieurs pains, c'est toujours le même corps, constitué des deux natures du Christ, humaine et divine, et non uniquement humaine. Le fidèle reçoit le « caractère indivisible de sa personne » (200). La divinité toute entière se trouve également dans l'espèce eucharistique, puisque le Christ cohabite en Dieu. Chaque pain ne devient pas un corps du Seigneur, mais l'ensemble des hosties devient une « seule représentation pour la contemplation intérieure » (149). Le principe de fonctionnement de l'eucharistie est le même que celui de la manne : le peuple de l'Ancien Testament s'est nourri de cette substance, chacun selon ses besoins, tout le monde fut rassasié, qu'il en ait pris beaucoup ou peu. De même, l'eucharistie nourrit tout fidèle, mais celui qui a besoin du don divin en plus grande quantité en reçoit plus et vice-versa. Elle ne fait jamais défaut au fidèle, mais la quantité fournie dépend de Dieu.

1. Jn 12, 8.

Les espèces eucharistiques sont au nombre de deux et sont remises individuellement, car elles possèdent chacune leurs vertus propres. Pour cette raison, le Christ a enseigné aux hommes de prendre sa chair et son sang séparément à travers le pain et le vin. Par sa chair, il nous délivre de notre corps, et par son sang, il purifie notre âme. L'un et l'autre n'ont toutefois pas la même importance, puisqu'en raison de la primauté de l'âme sur le corps, le sang « versé pour la multitude en rémission des péchés » [1], possède une action absolutoire, contrairement à la chair. Cette action absolutoire du sang provient également du fait que le péché vient de l'âme et non du corps : c'est donc elle qui doit être absoute.

INCORRUPTIBILITÉ DU CHRIST DANS L'EUCHARISTIE

Ce point constitue l'enjeu du livre 2, voire de tout le traité. Guibert souhaite démontrer que le corps du Christ présent dans l'eucharistie n'est pas son corps historique, car celui-ci siège désormais impassible au ciel à la droite du Père depuis qu'il est ressuscité. De fait, dans le sacrement se trouve un autre corps, ce qui permet au corps glorieux de demeurer intact, impassible et immortel.

LA *VICARIA IDENTITAS* OU LA PRÉSENCE DU CHRIST DANS L'EUCHARISTIE

Guibert définit la manière dont le Christ est présent dans le sacrement de l'eucharistie. Il énonce que celui-ci a possédé en tout trois corps, ainsi qu'il le mentionne à la fin du livre 2 [2]: le corps principal (*principale corpus*), le corps figuré (*figuratum*) ou mystique (*mysticum*) et, finalement, le corps glorifié à la droite du Père. Le premier est le corps historique, né de la Vierge et crucifié, qui fut visible et tangible. Il nomme ce corps « principal », car il est l'origine du second, qui est le corps présent dans l'eucharistie, figuré sous les espèces du pain et du vin, invisible pour les sens. Guibert précise que *principale* ne signifie pas qu'il domine le corps mystique, mais que ce dernier découle du premier. Il prend pour exemple le Père, appelé *esprit principal*, non parce qu'il serait plus important et qu'il règnerait sur le Fils et le Saint Esprit, mais parce que ceux-ci émanent de lui. Et de la même manière que les trois hypostases sont consubstantielles, le corps principal et le corps mystique possèdent la même réalité, la même

1. Mtt. 26, 28.
2. II, 786, voir *infra*, p. 110 : « [...] *tria corpora habet deus* ».

substance ; ils sont la vérité. Il explique quel est exactement ce corps mystique. Le Christ, avant de ressusciter, a fait succéder à son corps historique un corps mystique, qui fonctionne comme un vicaire du Christ en renouvelant sa présence auprès des hommes d'une manière figurative (*sub figura*), tout en gardant la vérité du Christ. Tous les deux sont absolument identiques, le corps mystique étant « tout ce qu'est son corps précédent » (38). Ils ont la même substance. Dans l'eucharistie se trouve bel et bien le vrai corps du Christ, car si ce n'était pas le cas, sa présence renouvelée par ce biais auprès de nous ne signifierait rien de plus que l'anneau conjugal rappelant le souvenir de son mari à une veuve. Ce sacrement ne sert donc pas uniquement à commémorer le Christ, mais il le rend présent parmi les fidèles.

Pour résumer, le corps historique (principal) a vécu sur la terre auprès des hommes et est désormais au ciel ressuscité. Avant de siéger à la droite du Père, il s'est créé un corps eucharistique (mystique ou figuré) ayant la même identité que son corps historique. De fait, il est rendu présent sur terre, non par son premier corps, mais par un corps identique le remplaçant sous les espèces eucharistiques d'une manière figurative. Le Christ se trouve quotidiennement auprès des fidèles par cette identité vicariale. À l'aide de cette notion, Guibert souhaite montrer que le Christ se rend présent auprès des hommes sans subir d'atteinte à travers la manducation des fidèles.

Immortalité et impassibilité du Christ dans l'eucharistie

Le Christ dans l'eucharistie est immortel et impassible, puisque son corps principal, ressuscité et glorifié, siège désormais à la droite du Père. Ce n'est donc pas ce corps-ci que nous mangeons. Guibert s'oppose vigoureusement à l'un de ses amis qui prétend que le corps du Christ, après la consécration, est un corps passible et mortel. Pour notre auteur, il est tout à fait clair et incontestable que nous mangeons le corps du Christ vivant pour la bonne raison qu'il n'est jamais mort ; il ne connaît que l'impassibilité et l'immortalité. Guibert s'attarde très longuement sur ce point (552-650), tant il s'indigne d'entendre certaines personnes proclamer que le corps eucharistique porte l'aspect du corps passible et mortel. Tout d'abord, lorsque le Christ a remis le mystère eucharistique au moment de la Cène, il se transmettait dans un état incorruptible, contrairement à ce que certains veulent bien penser, tel qu'il se montra à Pierre, Jacques et Jean lorsqu'il fut transfiguré. De plus, puisque le Christ n'est pas mort sur la croix par nécessité mais de son plein gré, il n'est pas soumis à la condition mortelle des hommes, car « ce que nous faisons librement et volontiers est une chose, ce que nous sommes contraints d'accomplir forcés ou poussés par des dettes, en est une autre » (648-650). De fait, sa condition n'est en aucun cas semblable à celle des hommes, d'autant qu'il est éternel : il fut avant d'être né et sera toujours, puisqu'il est consubstantiel au Père. Les hommes doivent mourir en raison du péché originel, tandis que lui n'est pas lié à cette faute et n'a jamais commis de péché ; il ne peut par conséquent être soumis à la mort. Ainsi est-il impassible, contrairement aux hommes passibles en raison de leur nature temporaire. Par conséquent, Guibert a la certitude que dans l'eucharistie, sacrement vivifiant, se trouve le Christ impassible et immortel, tel Adam avant la Chute.

IMMOLATION SACRAMENTELLE

Pour les raisons évoquées plus haut, affirmer que le Christ est crucifié à chaque messe célébrée est totalement absurde, car cela revient à prétendre que le corps eucharistique est le corps principal et passible qui continuerait à souffrir quotidiennement pour nous. Là encore, Guibert s'oppose à ce même ami. Il est impossible que le Christ soit supplicié ainsi pour notre rachat ; ce serait preuve de grande faiblesse de sa part et ces morts interrompues seraient d'une grande inutilité. Pour le montrer, Guibert prend la comparaison, habituelle depuis les Pères de l'Église, entre l'Ancien et le Nouveau Testament. Prétendre que le Christ est crucifié tous les jours revient à donner plus de valeur à l'Ancien Testament, puisque l'entrée annuelle du grand-prêtre deviendrait, en raison de sa rareté, plus importante que l'immolation quotidienne du Christ. L'eucharistie commémore sa passion, elle ne la rend pas effective. Elle en est un signe au même titre que le baptême, où la triple immersion signifie les trois jours de sépulture du Christ, sans qu'on considère que le Christ est enseveli à chaque baptême. À plusieurs reprises, on lit dans la Bible que le Christ désormais ressuscité ne meurt plus, qu'il n'est mort qu'une seule fois. Cette crucifixion unique contredit une crucifixion quotidienne inlassablement répétée. En effectuant l'acte eucharistique, le Christ ne souffre plus, mais sa passion endurée pour le salut de l'humanité est commémorée. De plus, si l'on dit que ce corps eucharistique est le même que le corps principal – et donc passible – est-ce le même qui est glorifié au ciel ? Si la réponse est non, alors c'est distinguer le corps historique du corps ressuscité et, par conséquent, cela revient à diviser sa nature indivisible d'homme et de dieu. Répondre par l'affirmative, c'est rendre mortel et corruptible le Christ et aller à l'encontre des Ecritures. Ces deux solutions sont fausses, car le postulat de départ est erroné. De fait, il n'y a incontestablement pas de conformité entre le corps eucharistique et le corps principal.

Réception et administration du sacrement

Guibert distingue le *sacramentum* (sacrement) et la *res sacramenti* (chose du sacrement). Cette division en deux parties du sacrement intervient de manière appuyée dans la controverse de l'eucharistie du XIe siècle. Le *sacramentum* désigne les espèces eucharistiques, le pain et le vin consacrés, c'est-à-dire la partie visible du sacrement, tandis que la *res sacramenti* est la partie invisible. Chez Guibert, cette partie-ci inclut le corps du Christ et les effets du sacrement, soit l'union avec le Christ, la vie éternelle, la rémission des péchés. Un problème de grande envergure se pose lors de l'absorption du sacrement par une personne indigne ou par un animal, et renvoie, à nouveau, à la question de la corruptibilité ou de l'incorruptibilité du Christ. Comme nous le verrons, la position de Guibert à ce sujet est la suivante : la *res sacramenti* manque aux indignes, mais ils prennent tout de même le sacrement, qui agit sur eux. Voyons d'abord ce qu'il en est des croyants bien disposés.

La communion des fidèles

Lorsqu'un fidèle communie, il reçoit autant le *sacramentum* que la *res sacramenti*. Il s'incorpore alors au Christ, selon la parole « celui qui me mange vit par moi »[1]. Une union avec le corps du Christ se réalise à travers l'absorption de sa chair et de son sang. Cet effet du sacrement ne vaut que pour les élus. Ce pain, appelé « pain des anges » ou « gage du salut éternel » (*pignus salutis aeternis*, 390) leur est réservé. Ainsi, le *sacramentum* et la *res sacramenti* deviennent pour eux une nourriture vivificatrice. Le sang versé par le Christ lave les péchés des fidèles, ils recevront ainsi les mérites qui s'ensuivent. Manger le Christ, c'est mener sa vie selon son exemple. Il suffit de le recevoir une fois dignement, pour s'assurer du salut éternel.

1. Jn 6, 58.

Même si un fidèle le prend une fois en état de péché, la grâce qu'il a reçue préalablement est emmagasinée et lui en assurera le bienfait.

LA COMMUNION DES INDIGNES ET DES INFIDÈLES

Guibert range dans la même catégorie un indigne, c'est-à-dire un croyant en état de péché, et un infidèle, soit un non-croyant. Il n'est pas d'accord de considérer que le sacrement est efficace ou inefficace selon la personne qui le prend. Il est impossible que le sacrement n'ait aucune action lorsqu'un indigne ou un infidèle le prend, car la religion perdrait de son sens si elle n'était adressée qu'aux croyants et aux élus. Personne n'est exclu du sacrement, ainsi que Jésus l'a montré en traitant Marie de la même manière que Judas. Sinon, il n'aurait rien à exiger des indignes lors du Jugement. Ceux-ci donc, contrairement aux fidèles qui reçoivent le *sacramentum* et la *res sacramenti*, ne prennent que le *sacramentum*, le pain et le vin consacrés, mais non ce qui est invisible et utile ; ils sont ainsi non seulement privés de la vie éternelle aux côtés de Dieu, mais, en plus, ils encourent la damnation. Pour preuve, il cite la parole de Paul : « celui qui mange et boit indignement, mange et boit son propre jugement » [1]. Ils ne sont pas rachetés de leurs fautes en prenant effrontément le sacrement, puisqu'ils persistent dans leurs péchés. Guibert précise toutefois que seules les personnes conscientes, celles qui prennent le sacrement en connaissance de cause, subissent les conséquences d'une absorption indigne. Les petits enfants ou les fous ne risquent pas la damnation si, par hasard, ils viennent à prendre la communion. Seul celui qui ne se repent pas de ses fautes ou qui prend effrontément l'hostie perd la vie éternelle. En effet, si quelqu'un prend indignement même du pain ordinaire en pensant qu'il prend le corps du Christ, il sera sévèrement puni.

Notre auteur insiste fortement sur l'absence de souffrance du Christ dans le cas d'une communion indigne. Il ne subit ni outrage ni humiliation, mais « une impénétrable immunité » (227) le protège. Dieu se préserve, car le corps du Christ ne rentre pas dans un cœur sale, mais retourne vers son origine. Au moment où un communiant mal disposé s'approche de l'hostie consacrée, le corps du Christ s'en retire. Pour expliquer ce mouvement de retour, Guibert dresse un parallèle : le Christ a enseigné aux apôtres de dire lorsqu'ils arrivaient chez des hôtes : « Paix dans cette maison » [2]. Si la paix est méritée, elle reste à l'intérieur ; dans le cas contraire, elle retourne vers

1. 1 Cor. 11, 29.
2. Luc 10, 5.

les apôtres. De la même manière, lorsqu'un indigne prend les espèces consacrées, la *res sacramenti* s'en retire : le pain et le vin sont alors comme « décorporisés », « désacralisés », et reviennent à leur substance première. Penser que Dieu est déshonoré ou offensé par une personne malveillante serait le rendre corruptible. Or, comme nous l'avons vu plus haut, cela est impossible, puisqu'il est incorruptible et impassible. Guibert de Nogent résume lui-même sa pensée : « Je crois dans mon cœur, et j'avoue par ma bouche, que l'usurpateur accédant à ces choses saintes est puni très dignement, mais je n'oserais nullement déclarer que la dignité d'une telle vérité est conservée dans des lieux infâmes » (352-354). Pour prouver que les indignes ne mangent pas le corps du Christ et que Dieu punit ceux qui prennent inconsidérément l'hostie, Guibert mentionne des anecdotes trouvées dans le *De lapsis* de saint Cyprien. On peut y lire que des persécuteurs se mêlèrent à la communion des fidèles et moururent en la prenant (leur mort n'est évoquée que de manière sous-entendue chez Guibert), d'autres trouvèrent l'hostie conservée chez eux réduite en cendres ou encore des petits enfants la recrachèrent, n'étant pas en état de la recevoir. Ces exemples visent à montrer que dans ces cas, l'hostie ne contient pas le corps du Christ, puisqu'il est impensable que Dieu accepte un pareil traitement.

LES ANIMAUX ET LES DIVERS ALÉAS

Guibert traite en dernier lieu de l'absorption de l'hostie par des bêtes et des aléas qu'elle peut subir. Pour lui, il est évident que les bêtes ne mangent pas le corps, qui ne peut pas non plus être soumis à des accidents malchanceux, telle une consumation par le feu. Dans ces cas, il se passe la même chose que lors de l'absorption par des indignes : l'hostie n'est plus que du pain et non le corps du Christ. Elle revient à « la substance telle qu'elle était avant » (448). Puisqu'elle n'est nourriture que pour le vrai fidèle, lui seul ingurgite le corps du Christ ; dans tous les autres cas, il n'est pas présent. Notre auteur ajoute que ceux qui ne voient dans l'hostie qu'une « figure » (443) du corps, une présence symbolique, utilisent comme argument principal justement le fait qu'elle est commune aux hommes et aux bêtes et que, par conséquent, elle ne peut contenir le vrai corps. Guibert s'oppose à ce raisonnement en déclarant que l'hostie n'est en rien commune aux hommes et aux bêtes, puisque celles-ci ne mangent pas le corps du Christ. Il souligne également que les prêtres censés conserver précieusement ce pain commettent une « trahison » (456) et un « crime d'atroce abandon » (456) lorsqu'un quelconque accident survient à l'hostie et ils risquent la damnation. L'espèce eucharistique peut subir toutes sortes de malchances, mais la partie interne, le corps du Christ, reste intouchée et intacte.

Finalement, le Christ a laissé son corps mystique pour trois raisons : la consolation, la conservation de sa mémoire et la foi. Si l'une de ces causes manque, le corps du Christ n'est pas présent dans l'eucharistie, la *res sacramenti* fait défaut et, par conséquent, une condamnation s'ensuit, qui provient du fait que l'indigne touche au sacrement en ayant des dispositions d'âme malveillantes. Ce n'est pas l'absorption du corps qui le punit, mais justement son absence. Le sacrement de l'eucharistie, nourriture qualifiée de « supersubstantielle », ne nourrit que les vrais fidèles et les élus, car eux seuls reçoivent le corps et ses effets, tandis que les indignes et les infidèles se condamnent en ne consommant que le *sacramentum*.

Ce processus est comparable à l'eau du baptême qui produit des saints, mais qui n'est que de l'eau ordinaire pour les gens mal intentionnés. Ainsi, les indignes ne prennent pas le corps du Christ et ses effets. Par contre, Guibert énonce des arguments pour prouver qu'ils reçoivent le sacrement et s'oppose ainsi à ceux qui proclament qu'ils ne reçoivent rien du tout. D'une part, un si grand mystère ne peut être inconstant, donc c'est toujours un sacrement, dans tous les cas, même soumis aux aléas de toutes sortes. D'autre part, l'indigne n'aurait rien à craindre en prenant effrontément le sacrement si sa malhonnêteté le détruisait. En le mangeant, il se condamne. Et seul Dieu sait qui est digne ou indigne, il ne convient pas aux hommes d'en juger. La parabole de Salomon est claire à ce propos : Dieu organise ce qui est jeté en son sein. Les hommes peuvent penser une chose, mais Dieu en a peut-être décidé une autre. Le corps du Christ ne subit jamais d'affront, car avant d'être pris indignement, ou d'être avalé par des bêtes, ou encore de subir un quelconque accident, il retourne à son origine : il se retire de l'espèce eucharistique. Donc, ceux qui estiment que le corps du Christ ne peut être présent dans le sacrement en vérité, sous prétexte qu'une telle dignité ne peut être offensée, se trompent, car cela ne se passe pas comme ils le pensent. Le Christ n'est jamais offensé, touché, humilié par une quelconque absorption.

Administration des sacrements

Guibert, après avoir énoncé son opinion au sujet de la valeur du sacrement du point de vue du récipiendaire, indique ce qui se passe du côté des officiants. Pour consacrer l'espèce, trois facteurs sont nécessaires : l'intention, la mémoire et l'attention. Guibert raconte une anecdote pour expliquer sa pensée. Un prêtre, lors de la consécration, avait laissé du pain dans une pyxide sur l'autel. Pour Guibert, ce pain oublié n'est évidemment pas consacré, puisque l'attention et l'intention du prêtre n'y étaient pas. Il faut que la parole, qui rend la consécration eucharistique effective, soit adressée aux espèces du pain et du vin. Il mentionne les deux cas majeurs qui posent problème parmi les prêtres. Il y a les indignes, ceux qui ne croient pas en la véritable présence du corps du Christ et les simoniaques. Ces officiants ne font rien de sacré lors de la consécration. Entre leurs mains, le pain reste du pain, car la foi uniquement permet de rendre la consécration effective, de transformer le pain en corps. Cependant, même si la consécration n'a pas lieu en raison de l'indignité du prêtre, les fidèles, eux, reçoivent tout de même le corps du Christ. Le prêtre ne produit donc rien, l'hostie ne se transforme pas en corps, mais le communiant bien disposé reçoit le *sacramentum* et la *res sacramenti* grâce à sa foi. Guibert ajoute que les hommes ne peuvent savoir si un prêtre a rendu la consécration effective ; Dieu seul sait et choisit pour qui les sacrements seront efficaces. Guibert estime que la foi du communiant seule rend la transformation du pain en corps.

Afin de montrer que le corps du Christ n'est pas toujours présent dans le sacrement, Guibert fait un parallèle avec les ordinations des prêtres. Il s'oppose au fait que si l'ordination est effectuée par un prêtre simoniaque, celui qui la reçoit n'a rien et ne peut rien transmettre. De même que pour l'eucharistie, seule la foi du sujet compte. Ainsi, celui qui est ordonné par un prêtre indigne reçoit l'ordination. À l'inverse, un prêtre saint ne peut rien donner de sacré aux infidèles et aux simoniaques. Un sacrement ne devient pas valide par l'action du prêtre mais par la foi de celui à qui il est destiné, même dans le cas où la foi du prêtre manquerait. Ainsi que nous l'avons vu plus haut, il en est de même pour le sacrement eucharistique, et, de surcroît, non seulement l'indigne ne reçoit rien, mais en plus, il se condamne par son acte. Si la chose du sacrement vient à manquer, où plutôt à se retirer, alors le sacrement devient une punition pour le récipiendaire. L'union avec le Christ et les autres effets du sacrement ne se réalisant pas, ce dernier est promis à la damnation. Le corps du Christ ne reste pas dans des lieux salis et l'usurpateur est puni. Le corps principal du Christ siège désormais à la droite du Père, glorifié et impassible, il ne peut subir un affront tel que de siéger dans un cœur vil. Il ne souffre pas lorsqu'il est mal mangé, puisqu'il ne pénètre pas dans les corps des indignes.

LIVRE III : CONTRE LES MOINES DE SAINT-MÉDARD QUI PRÉTENDENT POSSÉDER LA DENT DU CHRIST

Guibert arrive dans ce livre au but de son traité : s'indigner contre la prétention des moines de Saint-Médard de posséder la dent de lait du Christ, qui serait tombée à l'âge de neuf ans, et prouver l'absurdité d'une telle possession en s'appuyant sur le fait que le Christ ne peut avoir laissé sa dent, ou une autre partie de son corps, sur terre. Il s'adresse maintenant directement aux moines et emploie, tout au long du texte, la deuxième personne du pluriel. Il leur demande si, d'après eux, le Sauveur est ressuscité en son entier. Si tel est le cas, comment donc pourraient-ils, eux, les moines, conserver encore un bout de son corps ? En outre, ceci signifierait que la promesse de résurrection qu'il nous a faite n'est pas fiable[1]. « Il a dit que pas un cheveu de notre tête ne sera détruit, mais, donnant pour ainsi dire un reste de son corps, il expédie des particules de lui-même sur la terre et, présentant le reste au ciel, il déclare qu'il a ressuscité ? »[2]. À quoi il faut ajouter qu'il est impossible que la dent soit restée sur terre, autrement dit soumise à la corruption et destinée à être détruite à la fin des temps. L'arrogance et l'incroyance de ces moines en font des blasphémateurs et, s'ils persistent dans cette voie, il les déclarera hérétiques (*hereticos*, III, 79). Guibert poursuit longuement ses critiques

1. III, 44-47 : « *Si resurrexit, particulariter, queso, resurrexit an totus ? Si totum surrexisse testamini, ubi quas vobis assumitis partes erunt ? Si partim, quae de nobis resurrecturis edixerat promissa quid proderunt ?* » (« S'il est ressuscité, je demande particulièrement s'il est ressuscité en entier ? Si vous déclarez qu'il est monté en entier, où seront les parties que vous avez prises ? Si vous dites en partie, que deviennent les promesses qu'il nous a faites sur notre résurrection ? »).

2. III, 52-54 : « *Capillum de capite nostro non periturum dixerat, et ipse, corpori suo quasi subsicivum efficiens, particulas terrae mandat, residuum caelo inferens se resurrexisse pronuntiat ?* ».

virulentes envers les moines, ces « faussaires » (*falsarii*, III, 89). Et ce qui vaut pour la dent de lait vaut bien sûr pour les autres parties du Sauveur. Comment peut-on aller jusqu'à prétendre posséder « un si grand trésor » (*tanto munere*, III, 112) ? Que deviendraient alors ces restes au moment de la résurrection ? Peut-on imaginer qu'il manque au Christ glorifié des bouts de corps et qu'il attende de les recevoir en retour ? C'est totalement absurde et, face aux arguments de Guibert, il ne reste aux moines qu'à regarder s'écrouler les fondements devenus ridicules de leur pensée [1].

Ce livre est majoritairement constitué par des objections avancées par les moines, au nombre de six, que Guibert transcrit et auxquelles il répond. Premièrement, il s'accorde sur le fait que le Christ a très probablement perdu une dent à l'âge de neuf ans, mais il ne l'a pas laissée sur terre. Si c'était le cas, les croyants n'auraient pas à exercer leur foi, puisqu'ils auraient directement, sous leurs yeux et à portée de main, ce qui fait l'objet de leur espérance et de leur croyance [2]. Le Seigneur a dit que tant qu'il ne partira pas, le Paraclet ne viendra pas. Si le Christ a laissé une partie de lui et qu'il a pris son rôle d'intercesseur auprès du Père, alors il s'est contredit [3]. Deuxièmement, selon les moines, le don vicarial (*vicario munere*, III, 237) laissé par le Christ ne contredit pas la présence de reliques. Mais d'après Guibert, ainsi qu'il l'a développé au livre 2, le mystère eucharistique renouvelle la présence du Christ et unit les hommes à lui. Donc il n'y a aucune raison qu'il ait laissé des parties de son corps principal sur terre, parties destinées à pourrir et à se perdre. Si tel était le cas, les fidèles ne pourraient croire à une promesse de résurrection que le Christ n'a pas appliquée à lui-même. Troisièmement, le Christ n'a pas permis que des restes de son corps demeurent sur terre, d'autant plus que personne, à l'époque de l'enfance du Christ, n'aurait songé à ramasser un bout qui lui tombait pour le conserver. La Vierge elle-même n'a pas pu conserver des parties de son enfant pour préserver sa mémoire – elle savait par ailleurs qu'il ressusciterait – ni d'elle-même (bien que l'on dise que son saint lait est conservé dans un vase de cristal à Laon) [4]. Il semble impossible

1. III, 126-127 : « [...] *qui omnia sententiae vestrae circunstantia infirmari et ridicula fieri perspicitis* » (« [...] vous verrez toute votre pensée être réfutée et devenir ridicule »).

2. III, 340-343 : « *Quo ergo fidei acumen intenditur, immo quid speratur, quid creditur, ubi res sperata, res credita in conspectu materialiter aspicientis appenditur ?* » (« Vers où donc la finesse de la foi est-elle dirigée, ou plutôt qu'y a-t-il à espérer, à croire ? Où la chose à espérer, la chose à croire se tient-elle dans le regard de ceux qui regardent matériellement ? »).

3. III, 344-359 : Guibert avance également ces arguments au livre 2 (II, 883-903).

4. III, 409-411 : « *[...] sicut Luduni apud nos lac ipsius benedictae in columba cristallina hucusque retineri dicitur* » (« [...]on dit chez nous, à Laon, que le lait de cette femme bénie est contenu dans un récipient de cristal en forme de colombe »).

qu'elle ait recueilli de telles reliques, car ç'aurait été faire preuve de trop d'orgueil de la part de celle qui incarne l'humilité. Quatrièmement, les moines estiment que le saint sacrement se présente sous une forme acceptable pour l'homme pour éviter de le répugner. « Le sacrement est transformé par le Seigneur pour un usage humain, parce que la chair et le sang n'auraient pu convenir comme nourriture ordinaire » [1]. Ainsi, c'est pour qu'on puisse avoir accès à sa véritable chair que le Christ aurait laissé des reliques. D'ailleurs, après la résurrection, son corps fut modifié, puisque les plaies ne furent pas recouvertes. Il peut par conséquent avoir laissé une partie de son corps sur terre. À cela, Guibert rétorque que le Christ, après sa mort, s'est montré à ses disciples sous un aspect charnel, avec ses blessures, afin justement qu'ils croient en la résurrection de la chair. S'il s'était montré sous un aspect différent, dans une splendeur éclatante, les disciples auraient pensé qu'ils voyaient là un esprit. En dévoilant ses plaies, à Thomas et à Marie-Madeleine, il prouva son identité. Cinquièmement, au Jugement dernier, ces plaies resteront invisibles. Et sixièmement, il est faux de penser que ses plaies se refermeront à ce moment-là, car cela signifierait qu'il y a deux résurrections du Christ, qu'il sera changé deux fois.

Après avoir énoncé ces six objections, Guibert en vient aux miracles effectués par la dent de lait que les moines disent posséder. « Maintenant que nous avons posé ces objections contre les adhérents de cette pensée, tournons-nous vers ce qu'ils disent à propos des miracles de cette dent réalisés dans l'église de Saint-Médard » [2]. Les chapelains de Louis le Pieux, persuadés que le Christ ne laissa rien sur terre, désapprouvaient déjà la croyance des moines. Ils assistèrent à une messe à l'abbaye, et, au milieu de l'office, au-dessus de l'autel, un phylactère apparut, apportant la preuve que la dent possédée par l'abbaye était bien celle du Sauveur tombée dans son enfance. Mais, pour Guibert, « ce miracle est une absurdité déplacée que personne ne peut vraiment prouver et alors qu'il fut écrit stupidement sur cela, celui qui le reprend à nouveau est encore plus stupide » [3]. Guibert ajoute qu'il existe encore d'autres histoires, non moins douteuses, car dépourvues de preuves, qu'il tire d'un livre de miracles de l'abbaye de

1. III, 267-269 : « *Quia ergo esui communi caro et sanguis convenire non poterat, mutatur a domino in usibus humanis habile sacrementum* ».

2. III, 528-529 : « *Igitur iis contra huius sententiae executores emissis, illud advertamus quod in Sanctimedardensi aecclesia miracula pluris pretii super illo dente declamitant* ».

3. III, 555-559 : « *Adeo autem <ab>surditatis ineptae miraculum, quod in argumento rei huius ne multum quidem faciat cum stulte scriptum sit, stultior est qui retractat* ».

Saint-Médard[1]. Pour lui, ces soi-disant miracles sont bien souvent engendrés par la foi seule. Guibert relate alors une histoire qui se déroula dans la ville de Luni lors de la veillée de Noël[2]. Le Saint Esprit parla à travers la bouche d'un garçon pour avertir la population que des pirates s'avançaient vers le port pour attaquer la ville. Là, Guibert souligne que cet événement n'a rien à voir avec le mérite du garçon. Dans ce même recueil, on peut lire également l'histoire d'un moine fornicateur englouti par les eaux au moment où il rejoignait sa femme. L'abbé décida d'enterrer le moine hors du cimetière des frères, en raison de son péché. Mais un saint apparut à l'abbé, lui ordonnant de l'enterrer parmi les autres, car « il a appris l'obéissance par la souffrance »[3]. Guibert trouve cela totalement ridicule et rejoint là ce qu'il a écrit au livre 1 sur les précautions à tenir vis-à-vis des miracles.

Le livre se termine par une indignation marquée contre ceux qui profitent de la crédulité des fidèles pour leur soutirer de l'argent et utilisent les reliques comme source de revenus. « Apprenez qu'il est profane de chercher du gain par des processions ou par l'ostentation des os des saints si vous voulez évaluer d'une manière égale les saints et votre avarice »[4]. Guibert réitère les attaques contre les ecclésiastiques qu'il avait déjà formulées au livre 1[5].

Dans ce livre, Guibert s'en prend donc directement aux moines de Saint-Médard. Pour lui, il est clair qu'il n'existe aucune relique du Christ, car il est ressuscité en entier. Le Sauveur ne peut avoir laissé des reliques de lui, soumises à la corruption et à toutes sortes d'accidents. L'argument qui se base sur le fait que le Christ a montré ses plaies ouvertes à ses disciples – argument utilisé par les moines pour prétendre que, par conséquent, il a aussi pu laisser des bouts de lui – est considéré comme irrecevable pour Guibert, car le Christ est glorifié sans plaies. De plus, si quelque chose nous

1. III, 590-592 : « *In eorum libello, qui super dente hoc et sanctorum loci miraculis actitat* [...] » (« Dans un de leurs livres qui relate des histoires sur cette dent et sur des miracles effectués par les saints locaux [...] »). Ce recueil ne nous est pas parvenu. Voir Guibert de Nogent, *De sanctis et eorum pigneribus*, *op. cit.*, p. 154, note de l'éditeur.

2. III, 569-586 : *Lunensi urbe* : cette ville se situe à la frontière entre la Ligurie et l'Etrurie. R.B.C. Huygens, dans *ibid*, signale que cette « région côtière avait beaucoup à souffrir d'incursions de pirates (sarrasins) et autres » et qu'il n'a trouvé aucune mention de l'événement relaté par Guibert.

3. III, 605-606 ; Hebr. 5, 8 : « *[...] ex iis [...] quae passus est didicit obedientiam* ».

4. III, 640-642 : « *Questum autem ex sanctorum vel circumlatione vel ossuum eorum ostensione querere quam profanum sit discite, si velitis aeque sanctos avariciamque taxare !* ».

5. I, 378-419.

est laissé, on ne peut exercer la foi. Or, c'est uniquement à travers la contemplation, à travers le monde intérieur, à travers la vue des choses invisibles, que l'on atteint Dieu ; et le mystère eucharistique tient parfaitement ce rôle de présence parmi les hommes. Ce dernier argument a déjà été largement développé au livre 2 et le sera encore au livre 4.

LIVRE IV : LE MONDE INTÉRIEUR

Dans ce livre, Guibert traite du monde intérieur. L'état de la vie intérieure n'inclut que la vertu de la contemplation (*virtus contemplationis* IV, 2). Les visions relatées dans les Ecritures sont des images corporelles apportées à l'esprit pour signifier, figurer une réalité invisible. Par exemple, Ezéchiel, Jérémie et d'autres, voient des animaux, des boules de feu, du topaze, tout en sachant que Dieu apparaît derrière « non en vérité, mais en signes et en figures » (*non veritate sed signis ac figuris*, IV, 39-40). Lorsqu'on passe de la vision des choses présentes à la vision des choses intérieures, on reporte ce que l'on est habitué à voir sur terre [1]. Ceux qui ont des visions parlent à travers des objets corporels, des objets de leur condition présente (*presentis statu*, IV, 96). Par contre, le monde intérieur sort de ce monde et seule la contemplation permet de l'atteindre [2]. De même Jésus, dans les Évangiles, utilise des exemples matériels. Dans le cas des punitions infernales, il parle des mains et des pieds liés, des grincements de dents et des pleurs [3]. Il désigne les châtiments des âmes fautives (*peccatrices animas*, IV, 118) en utilisant les images de souffrances que nous connaissons (*consuetudinarias passiones*, IV, 117) et que bien des gens subissent déjà dans ce monde. Un corps troublé peut permettre à l'esprit de devenir libre de turbulences, tandis qu'un corps

1. IV, 77-79 : « [...] *quoniam qui de presentium visione ad interna videnda commigrant nil aliud quam in mundo consueverant videre reportant,* [...] » (« [...] parce que ceux qui passent de la vision des choses présentes aux choses vues à l'intérieur ne reportent rien d'autre que ce qu'ils ont l'habitude de voir dans ce monde [...] »).

2. IV, 1-3 : « *Interioris mundi statum, quem visio externa non capit, imaginatio ulla non concipit, sola nimirum virtus contemplationis attingit* » (« Aucune imagination ne conçoit l'état du monde intérieur que la vision externe ne saisit pas ; seule en effet la vertu de la contemplation l'atteint »).

3. IV, 114-117 ; Mtt. 22, 13.

paisible peut troubler l'esprit par une pensée triste[1]. Par exemple, les prisonniers qui subissent des tortures physiques épouvantables[2] et endurent « ces souffrances avec une grande sérénité, et même avec une joie de l'âme telle que tu peux conclure qu'elle bondit de joie dans ses recoins par l'espoir d'un trésor déposé pour eux »[3]. Le cas le plus clair est celui des martyrs : l'homme intérieur connaît une réjouissance extrême à la pensée des joies célestes malgré ce que l'homme extérieur endure.

Les prophètes et les saints ne peuvent pas dévoiler entièrement la connaissance qu'ils ont reçue de Dieu, car il n'est pas possible de connaître plus que ce que Dieu permet. D'où la parole de Paul : « J'ai entendu les paroles secrètes qui ne peuvent être révélées aux hommes »[4]. De même, il n'y a pas de mots pour expliquer l'essence divine[5]. La parole humaine s'avère impuissante à exprimer Dieu, qui ne peut s'atteindre que par la contemplation ; elle ne peut exprimer que des choses corporelles (*de sola corporalitate*, IV, 226). Guibert veut en venir au fait que « le monde intérieur est appelé ainsi en opposition au monde extérieur. En effet, dans le corps, qui est visible pour tout le monde, il y a une âme invisible, et ainsi, dans cette créature matérielle qui est visible pour les natures rationnelles et irrationnelles, il y a un autre pouvoir (*machina*), visible et accessible seulement pour les natures raisonnables et débarrassées de cette mortalité »[6]. Ce monde intérieur se veut difficile d'accès puisque, d'une part, il diffère de tout ce que nous connaissons et que, d'autre part, notre esprit se tourne vers ce à quoi nous sommes habitués. Guibert ajoute que, à

1. IV, 135-140 : « *Si ergo, corpore tantis profligato miseriis, animus spei occultae gaudio debriatus ab eadem molestia conquiescit, cernere in promptu est quia, sicut caro vexationibus agitur anima aliquantisper a tantis vacante turbinibus, ita corpore nullatenus molestato anima multotiens sola tristiciae conceptione mactatur* » (« Si donc, alors que le corps est abattu par de grandes misères, l'âme enivrée par la joie de l'espoir secret se repose de cette grande douleur, il est facile de comprendre que, lorsque la chair est soumise aux souffrances, l'âme est libre de grands troubles pendant quelque temps, de même que l'âme, sans la douleur du corps, est fréquemment abattue par la seule conception de la tristesse »).

2. La liste des tortures énumérées par Guibert est tout à fait explicite : ils étaient suspendus par les pouces et les organes génitaux, les dents arrachées, les ongles fendus par du bois taillé en fines lamelles et les pieds léchés par des boucs pour entraîner la mort par rire (IV, 128-130).

3. IV, 130-132 : « [...] *tanta euanimitat, immo animi iocunditate [...], quanta tesauri spe repositi animum in suis angulis exultantem conicere valeas deliniri* ».

4. IV, 175 ; 2 Cor. 12, 4.

5. IV, 225-228. *Cf.* II, 51-58.

6. IV, 274-279 : « *Sicut enim in corpore meo, quod omnibus in promptu est, intrinsecus subiacet anima invisibilis, ita huic materiali creaturae, quae rationalibus irrationalibusque naturis conspicua est, altera subest machina, quae solis rationalibus et hac mortalitate exutis constat visibilis et pervia* ».

la question de savoir si ce monde est habité par le diable autant que par les anges, il pense que « le démon infernal et son armée funeste habitent ce monde » [1].

Le traité s'achève sur des considérations à propos des élus au paradis et des damnés en enfer. Les grincements de dents et les pleurs promis aux damnés seront en fait, selon Guibert, une condamnation à la tristesse éternelle [2]. Ils ne subiront pas ces châtiments corporels, qui sont une image pour signifier autre chose. Le chapitre des Évangiles concernant Lazare et l'homme riche [3] révèle l'état du monde intérieur. Si l'homme riche, arrivé en enfer, demande que ce soit Lazare, au paradis, et non lui-même, qui soit ressuscité pour avertir ses frères de changer de vie afin d'éviter les tourments de l'enfer, c'est qu'il se sent trop éloigné du droit chemin. Il souhaite le salut de ses frères, car s'ils le rejoignent en enfer, il sait que sa peine sera doublée, puisque « les damnés en enfer, non seulement ne seront pas privés des affections charnelles, mais ils seront aussi consumés par des amours perverses » [4]. Il devient fou de sollicitude pour ceux qui vont être damnés, connaissant désormais l'atroce souffrance qui leur est réservée, c'est-à-dire la privation de la vision de Dieu, peine qui est exactement le contraire du bonheur des élus qui, eux, accèdent à cette vision, source de joie suprême [5]. Vient ensuite la question de la forme des âmes, sujette à de nombreux débats. Guibert pense qu'elles n'ont en tout cas pas d'apparence humaine. Il n'y a rien de matériel ou de corporel au paradis ou en enfer.

1. IV, 316-317 : « *Et certe ipsum cum funesto suo exercitu infernum huius mundi incolas estimo* ».

2. IV, 339-410.

3. IV, 426-468 ; Luc 16, 19-31.

4. IV, 449-468 : « [...] *reprobos in inferno non solum carnalibus non carituros sed perversis etiam amoribus coarsuros* ».

5. IV, 492-513.

DEUXIÈME PARTIE

GUIBERT DE NOGENT

DE PIGNERIBUS
LIVRE II

Texte et traduction

REMARQUES PRÉLIMINAIRES

Nous présentons la traduction du livre 2 du *De pigneribus* avec le texte latin en regard d'après l'édition de Robert Burchard Constantijn Huygens et dont les numéros de pages figurent en marge du texte latin ci-dessous.

Pour la traduction, nous avons pris le parti de rester le plus proche possible de la langue latine, au détriment parfois d'une certaine lourdeur dans la langue française. La langue de Guibert est extrêmement complexe, comme nous l'avons signalé dans l'introduction. Il cherche bien souvent des tournures de phrases compliquées et adopte un style parfois désagréable, tant il est alambiqué. Thomas Head, qui a traduit le premier livre du *De pigneribus*, écrit: « All of his works are composed in an extraordinarily complex Latin. [...] Guibert was erudite, but pompous, and not very skilled stylistically » [1]. Nous avons choisi de conserver les termes théologiques tels quels, contrairement à Nash, qui les a traduits en les interprétant. Elle traduit par exemple *veritas* par « reality » ; *principal* par « original ». Quant au terme *res sacramenti*, nous avons également choisi de rester au plus proche du latin et de le traduire par « chose du sacrement » en expliquant ce qu'implique cette expression au chapitre II de la troisième partie. Nash adopte la traduction « substance of a Sacrament », mais il nous a paru qu'opter pour cette solution pouvait porter à confusion et impliquait déjà une prise de position quant à la conception de Guibert.

1. Th. Head, *op. cit.*, p. 400. Sur la langue de Guibert, voir en particulier *ibid.*, p. 402.

110 Igitur iis acsi proemio futurae nostrae disputationis explicitis, ad fundamentum quod in iniciis iecimus pretiosos fidelis eloquii lapides apponamus et nucleum difficillimae et a multis michi propositae questionis terendo et quasi dentibus effringendo quaeramus. Ob hoc nempe densissima tractatus preteriti veluti rudera exhausimus, ut licentius circa nodum, utinam deo favente solubilem, elaborare possemus.

Cum quidem super sanctorum reliquiis quid cogitandum, quid agendum sit hucusque dixerimus, illud dispositioni nostrae omnimodo supersedit, quod dentem Salvatoris, quem novennis forsitan exigente natura emisisse potuerit, quidam in vicinia nostra se habere contendunt. Nec desunt alii qui umbilici superfluum quod nuper natis absciditur, sunt qui circuncisi preputium ipsius domini habere se asserunt, de quo magnus Origenes : *Fuere,* ait, *quidam qui de ipsa domini circuncisione non erubuerunt libros scribere.* Duobus ergo sequentibus omissis, primo capitulo, quod nos propinquius urget, hereamus : hoc enim abrogato liquidius exinanientur et caetera. Etsi probari potest hoc in terra resedisse de eius proprio, miror quam vicissitudinem nobis voluerit dimittere in corpore figurato, figurato inquam quod sic umbra fit secundum speciem, ut non discrepet a virtutis efficacia secundum precedentem veritatem. Precedens autem ipsa est personalis veritas, in quam refertur et identificatur significatum : quod enim ob sui memoriam tradidit faciendum, indubiam suae proprietatis presentiam refert. Quae tamen hic presentia si

LIVRE II : LE CORPS BIPARTITE DU SEIGNEUR

Comme nous avons posé les bases de notre future discussion par les sujets développés dans le prologue, présentons donc ce que nous avons annoncé au début en broyant et comme en écrasant avec les dents les pierres précieuses d'une parole de foi[1] et cherchons le noyau d'une question très difficile qui m'a été exposée par beaucoup de gens. Pour cela bien sûr, nous avons pour ainsi dire retiré les décombres très denses d'une discussion précédente[2], de façon à travailler plus librement autour du nœud, que nous espérons soluble, avec la faveur de Dieu.

Étant donné que nous avons dit jusqu'ici ce qu'il faut penser et ce qu'il faut faire à propos des reliques des saints, l'affirmation de certaines personnes du voisinages qui affirment posséder la dent du Sauveur expulsée peut-être par la nature à l'âge de neuf ans, fut complètement mise de côté dans notre projet. D'autres encore soutiennent avoir le reste du cordon ombilical, qui fut coupé à la naissance, ou encore le prépuce du Christ circoncis, au sujet duquel le grand Origène a dit : « Il y en a qui ne rougirent pas d'écrire des livres sur la circoncision même du Seigneur »[3]. Laissons de côté le cordon ombilical et le prépuce et restons attachés au premier sujet[4] qui nous occupe de plus près. En effet, cet exemple-ci réfuté, tous les autres seront plus clairement vidés de substance. Même s'il peut être prouvé que quelque chose de son propre corps est resté sur terre, je me demande quel substitut il aurait voulu nous laisser dans un corps figuré, figuré dis-je, en ce qu'il se fait ombre selon l'espèce, de telle façon qu'il ne perde pas l'efficacité de son pouvoir selon la vérité précédente. Or cette vérité précédente est la vérité de la personne, à laquelle un objet signifié est rapporté et identifié. En effet, il nous a transmis que cela doit être fait en mémoire de lui, pour renouveler une présence indubitable de lui-même. Cependant, si cette présence était autre chose que sa propre personne, elle

1. Guibert, par un jeu de mot, fait un parallèle entre broyer une parole et broyer le corps du Christ. Le verbe au passif *atteri* est en effet employé dans le contexte eucharistique. *Teri* est utilisé entre autres par Alger de Liège, *De sacramentis corporis et sanguine dominici*, II, ch. 7 (PL CLXXX col. 0826A) : « *ut panis dum dentibus teritur* » ou encore Rupert de Deutz, *Liber de divinis officiis*, (CCCM, LVII), éd. H. Haacke, Turnhout, Brepols, 1967, II, ch. 10, p. 45, l. 474-475 : « [...] *non poterat terere et ruminare cibum ducissimo hoc liquamine confecto* ».

2. « Discussion précédente » : c'est-à-dire le culte des saints et de leurs reliques traité au livre 1.

3. Référence non repérée par R.B.C. Huygens.

4. C'est-à-dire la dent.

111 aliud esset quam ipsa proprietas, non maior esset quam anuli coniugalis penes uxorem prestantia, ad uxoris enim memoriam anulus vicissitudo fieret mariti. Alterum ergo, sicut nascendo de Virgine patiendo in cruce aliquantula temporum mora precessit, dedit causas alteri quod ad eius, ut sic dicam, vicariam identitatem sub eius exemplo successit. Inde a me potissimum illud primum veritas appellatur, de quo ista quae agimus tractabilia nobis sacramenta manarunt, quia qualencunque recipiat veritatem illud, quod a primo sub figura demittitur, primum tamen principaliter verum est quod causam subministrat illi, quod ab eo derivatum est. Illud enim proculdubio veritas principalis et est et dici potest, in quo nil aliud adumbratur quam capi intuentium atque tractantium tam sensibus quam intellectibus valet. In altero autem etsi omnis habenda veritas est, principale tamen non est, quia a principali inflectitur quod est et ad id reciprocari sibi semper convenit, cuius species ac relativum est. Speciem vero non particularitatem, sed figuram quam usus exterior pretendit, accipio, cum sit hoc totum quod est precedens suum. Unde et in psalmo *spiritus principalis* pater appellatur, non quod secundum divinam essentiam filio et sancto Spiritui principetur, sed quod filii ac sancti Spiritus ab ipso origo deducitur. Unde qui in psalmo « principalis » dicitur, personarum tamen ultimus nominatur, cum ex ipsius ore filii in tribus vocabulis primo ponatur, ut a propheta evidenter innuatur in natura illa quod nil prius, nil posterius habeatur, licet Greca levitas substantiis subsistentiarum quasi origines supponere machinetur, cum neutrum in divina essentia capi passe videatur, cum sola essentia, dum de divinis agimus, dici convenientius estimetur. Cum enim subsistentia ab aliquibus substantiae origo dicatur, qui vigilat diligenter attendat quomodo in deum « substare » ac « subsistere » cadat, cum humani capacitas ingenii et linguae humanae licentia nil preter essentiam de deo habilius dicat.

His per excursum dictis tandem repetamus omissa. Illud itaque principale corpus, quod materiam sequentibus prestitit sacramentis, si sui residuum in terra dimisit, parte provecta ad superos, quae necessitas fuit nos quasi alterius corporis in hac vita oppignerare misterio, cum satis

n'aurait pas plus d'efficacité que celle de l'anneau conjugal pour une épouse. Dans la mémoire de l'épouse, l'anneau devient en effet le substitut du mari. Donc, comme l'un de ses corps a précédé dans le temps, en étant né de la Vierge et en ayant souffert sur la croix, il confia à l'autre corps la mission de lui succéder sur son modèle avec une identité pour ainsi dire vicariale. De là, ce corps premier et principal, duquel découlent ces sacrements que nous manipulons, est appelé par moi la vérité, parce que, quelle que soit la vérité que reçoit celui qui descend du premier d'une manière figurative, c'est principalement le premier qui est vrai, déléguant la mission à celui qui est dérivé de lui. En effet, ce corps est et peut sans aucun doute être appelé la vérité principale, dans lequel il ne se cache rien d'autre à comprendre pour les fidèles et les célébrants, tant par les sens que par l'intelligence. Mais, même si toute la vérité est contenue dans l'autre corps, il n'est pas pour autant principal, parce qu'il découle du principal et il doit toujours être ramené vers lui, dont il est l'espèce et dont il est relatif. En vérité, j'entends par espèce non pas la particularité, mais une figure que l'usage extérieur rend évidente, puisqu'il est tout ce qu'est son corps précédent. De là, dans le psaume, le Père est appelé « esprit principal »[1], non pas qu'il domine le Fils et le Saint Esprit en essence divine, mais parce que le Fils et le Saint Esprit tirent de lui leur origine. Celui qui est appelé « principal » dans le psaume est cependant la dernière des personnes nommées, alors qu'il est placé en premier dans les trois mots prononcés par la bouche du Fils[2], comme le signale le prophète. Rien n'existe ni avant ni après dans cette nature, bien que la frivolité des Grecs imagine rattacher en quelque sorte les origines aux substances des individus subsistants, alors que ni l'un ni l'autre ne peut être compris dans l'essence divine, alors qu'il semble plus convenable, en parlant des choses divines, de ne dire que l'essence. En effet, comme l'individu subsistant est appelé, par certains, l'origine de la substance, celui qui veille consciencieusement est attentif à la manière dont s'appliquent les mots *substare* et *subsistere* à Dieu, car la capacité de l'intelligence humaine et les possibilités de la langue humaine ne peuvent rien dire d'autre de Dieu que son essence.

Cependant, revenons aux propos oubliés par cette digression. Si ce corps principal, qui procura la matière aux sacrements suivants, a laissé un résidu de lui-même sur terre, après qu'une partie fut élevée aux cieux, quelle nécessité y eut-il dans cette vie-ci de nous donner un gage par le mystère de cet autre corps, alors qu'il aurait été suffisant de se réjouir

1. Ps. 50, 14.
2. Mtt. 28, 19 et l'*Ordo missae* : « *in nomine patri et filii et Spiritus sancti* ».

omnino esset de propriae carnis eius gaudere residuo ? Et certe sine ullo
112 intellectualitatis acumine, sine ulla experientia contemplandi carnis nostrae adiacebat obtutibus, dominicae carnis quas predixi particulas intueri et digitis attrectare, nec opus erat per vini panisque materiam, rerum videlicet apparentium, fidei iuxta apostolum nostrae substantiam exercere. Plurimum enim animus exercetur et quasi extra suae habitationis castra egreditur, cum ex intentione visibilium invisibilia speculari docetur. Gratiosum plane est et cunctis desideriorum estibus affectandum, rem, quae est excolenda, ipsam sine tipis, sine figurarum velaminibus pre visibus habere, ardere precordiis, ulnis cordis astringere. Et cum deum non lateat amorem eorum, quae videntur et sensibus adjacent, affectuosius in hominum sedere ac herere iudicio, nunquam decuit ut qui in eius semper possumus delectari proprie proprio, impenetrabili multis subtilitate fatigemur potius quam iocundemur umbratico. Cum ergo sufficeret tantillum illud residui – si tamen « tantillum » dici potest quod toti mundo preponderat – ad gaudii universalis fideique tenorem, quid Iesus dominus in figurata rursus hostia carnem suam mortalibus dat obsidem ? Certe securus dicam quia frustra ad sui monimentum vicarium dimisit corpus qui tot portionum, quae sui sufficerent facere mentionem, in terra reliquerit munus. *Haec,* inquit, *quotienscunque feceritis, in mei memoriam facietis* : scire velim quam de se haberi memoriam affectat et cur alia, quibus magis inter suos celebretur, inducat cum, non dico tot ac tantae partes, sed ad totius mundi concursum corporis eius, quod de sancto Spiritu Virgo conceperit, minutia in athomi modum vel una sufficiat. Videtur autem michi quasi sit dicere : cum nichil in terra resideat unde mea apud vos memoria recalescat, ubi enim nichil sensualitati vestrae prestat quod intellectualitati presentiam meam innovando exhibeat, dignum est ut tale quid vobis a me fiat, unde me vobis pro me restituam et de mei apud vos presentia, quam amastis et adhuc desideratis, nichil imminuam. Quid aliud prelibatus sermo, si vigilanter attendas, resonare videbitur ?

du reste de sa chair ? Et certes, sans aucun sommet d'intelligence, sans aucune pratique de contemplation, il était plus accessible, étant donnée notre condition humaine, de regarder et de toucher avec les doigts les particules de la chair du Seigneur, dont j'ai parlé avant. Ce n'était donc pas utile d'éprouver la substance de notre foi, comme le dit l'apôtre [1], à travers la matière du pain et du vin, c'est-à-dire à travers des choses apparentes. En effet, lorsqu'on enseigne l'observation des choses invisibles, hors du champ des choses visibles, l'esprit est beaucoup exercé et est, pour ainsi dire, élevé en dehors du lieu de son habitation. Il est clairement favorable de chercher au-delà des yeux à posséder au fil des ans l'objet des désirs. Cet objet doit être vénéré sans images, sans contours des formes, et être enflammé viscéralement, embrassé de tout cœur. Bien que Dieu n'ignore pas que l'amour des choses visibles et proches des sens [2] siège et est attaché plus affectueusement dans le jugement des hommes, il n'est pas convenable que nous, qui pouvons être charmés par Dieu lui-même, soyons plus fatigués par une impénétrable subtilité que réjouis par quelque chose d'ombragé. Donc, puisque ce peu de reste – si cependant ce qui a une telle importance pour tout le monde peut être déclaré « peu » – suffirait pour la continuité de la joie universelle et de la foi, pourquoi Jésus donne-t-il sa chair figurée par l'hostie en gage aux mortels ? Je répondrais avec certitude qu'il a laissé en vain son corps comme monument vicarial de lui-même, lui qui a offert sur terre un don constitué de tant de portions qui suffiraient pour se souvenir de lui. Il dit : « Cela, chaque fois que vous le ferez, faites-le en mémoire de moi » [3]. Je voudrais savoir quelle mémoire il aimerait qu'on garde de lui et pourquoi il aurait amené d'autres choses que l'on célébrerait davantage, alors qu'une seule petite partie (je ne dis même pas autant de parties qu'il y en a) de la grandeur d'une particule suffirait pour que tout le monde rencontre son corps, que la Vierge a conçu de l'Esprit Saint. Il me semble que cela revient à dire : puisque rien ne reste sur terre comme garantie à vos sens pour raviver en vous ma mémoire, rien qui ne montre ma présence en la renouvelant à votre intelligence, il est juste que je fasse quelque chose pour vous, en me restituant à vous et en ne diminuant rien de moi par ma présence à vos côtés ; présence que vous aimez et que vous désirez encore. Si tu es attentif, penses-tu que la phrase ci-dessus signifie autre chose ?

1. Hebr. 11, 1 : « *Est autem fides sperandorum substantia, rerum argumentum non parentum* ».

2. 2 Cor. 4, 18.

3. *Canon missae* 7 ; provient de 1 Cor. 11, 25.

113 Duo ergo erunt corpora nobis ad hanc memoriam inculcandam prestituta? Nonne apostolis, sed contra solum Iudam agens, loquitur: *pauperes semper habetis vobiscum, me autem non semper habebitis ?* Sed ne hoc contrarium estimetur illi promisso : *ego autem vobiscum sum usque ad consummationem seculi omnibus diebus vestris,* sciendum proculdubio quia hoc intelligendum est de tutela, inquantum deus est, spirituali, illud de presentia corporali. Quodsi de presentia hac agitur, profecto qui dentem eius vel umbilicum seu, quod legitur, circuncisum sibi arrogat, usquequaque mentitur: quod enim dicit «me» quicquid humanitus unquam fuit complectitur. Quodsi particulas illas illum esse negas, partem pro toto poni posse forsitan ignoras, sinedochice nempe non solum Scripturas loqui, sed et ipsos quosque illitteratos et vulgares hac figura sermonum uti nulli non perspicuum. Si enim tibi casu quolibet pedem, manum vel ultimum unguem atteras et interrogeris quid habeas, nonne ilico infers : «Lesi *me*» inquis ? Et quota pars unguis ad totum ? Si «te» lesum non diffiteris cum perminima tui particula quatitur, illud «me», quod semper ab ipsis haberi non posse fatetur, pari sensu tenebitur. Si amicos animarum nostrarum dimidium et propinquos sanguinis carnem nostram appellare solemus, cum singuli dicimus «me» quid aliud quam totum quod est in nobis et ex nobis exprimimus? Certe si sanguinem minuas, capillum tondeas, reseces unguem, et rogitaret quis cujus essent haec, aut tua esse aut de te responderes; si de agro aut corio fieret subsicivum, non ideo non esse de agro aut corio quod excisum fuerit nisi insanus asseret.

Audi adhuc, antequam ad artiora contra te progrediamur, quod partem tuam premat. Ab eo ipso domino alibi dicitur: *qui manducat me, vivit propter me.* Ecce, sicut superius diximus «ego vobiscum sum» et «me non semper habebitis» diversa sonare, ita primum illud «me» aliud significat quam secundum. Est enim dicere : qui exterius meum, carnem videlicet ac sanguinem, manducat, vivit ex eo ipso quod interiorem hominem illuminando vivificat. Cum ergo fieri non possit ad litteram ut totus ab aliquo
114 manducetur, nisi pars pro toto accipiatur, secundum interiorem sensum

Donc, est-ce que deux corps nous seraient proposés pour fixer cette mémoire ? N'a-t-il pas parlé aux apôtres ainsi, bien que parlant contre Judas seul : « Vous avez toujours les pauvres avec vous, mais vous ne m'aurez pas toujours » [1] ? Il ne faut pas penser que cela est contraire à cette promesse-ci : « Je suis tous les jours avec vous, jusqu'à la fin du monde » [2]. Il faut savoir, sans aucun doute, que le fait qu'il soit Dieu est à comprendre comme une protection spirituelle autant que comme une présence corporelle. Si cette présence s'effectue de cette manière, celui qui s'approprie la dent Christ, son ombilic, ou, comme on l'a lu, son prépuce, se trompe. Lorsqu'il dit « me » [3], il inclut aussi ce qu'il fut d'humain. Si tu nies que ces parties sont le Christ, tu ignores, peut-être, que la partie peut être prise pour le tout. Non seulement les Ecritures parlent en utilisant des synecdoques, mais les gens illettrés et ordinaires utilisent aussi cette figure de style ; c'est évident pour tout le monde. En effet, si en tombant tu te blesses un pied, une main ou un bout d'ongle et qu'on te demande ce que tu as, ne réponds-tu pas : « Je *me* suis blessé » ? Et qu'est l'ongle par rapport au tout ? Si tu reconnais que tu es blessé, alors qu'une très petite partie de toi est touchée, il faut prendre dans le même sens ce « me », admis comme étant inséparable de lui-même. Même si nous avons l'habitude de désigner nos amis comme la moitié de nous-mêmes, et les proches de sang comme notre chair, lorsque chacun de nous dit « me », qu'exprimons-nous d'autre que le tout qui est en nous et hors de nous ? En effet, si tu perdais du sang, si tu te coupais les cheveux, si tu te cassais un ongle, puis, si quelqu'un demandait à qui appartenaient ces choses, tu répondrais que ce sont les tiennes ou qu'elles viennent de toi. Lorsqu'un bout est coupé d'un champ ou de la peau, personne, à moins d'être fou, n'affirmerait que ce bout n'a pas été coupé du champ ou de la peau.

Avant que nous avancions contre toi des arguments plus convaincants, écoute encore quelque chose qui accable ta partie. Le Seigneur dit ailleurs : « Celui qui me mange vit par moi » [4]. Le « me » signifie autre chose que le « moi », de la même manière que, comme nous l'avons dit plus haut, des paroles contraires résonnent dans « je suis avec vous » et « vous ne m'aurez pas toujours ». Cela revient à dire : celui qui mange mon extérieur, c'est-à-dire ma chair et mon sang, vit à partir de cette absorption, qui vivifie l'homme intérieur en l'illuminant. Comme on ne peut entendre littéralement que quelqu'un mange le tout, à moins que la partie soit

1. Jn 12, 8.
2. Mtt 28, 20.
3. Dans « vous ne m'aurez pas toujours ».
4. Jn 6, 58 : « *Qui manducat me, vivit propter me.* »

indifficulter id agitur, presertim cum fides corporis ita habeatur, ut quod minutatim porrigitur, totum in suis minutiis teneatur. Sicut enim de manna in Exodo legitur, quia qui plus collegerat non habuit amplius et qui minus paraverat nichil minus, sed cuique prout edere poterat est impensum, ita huiusmodi sacramentum, prout in quoque sese capit intellectus, aut minuitur aut excrescit : minuitur secundum propriae obscuriorem intelligentiam fidei, ubi tamen minor non est utilitas sacramenti, excrescit autem secundum capacitatem fidelis ingenii, in quo eadem quae in simplicibus manet equalitas ad salutem sacri cibi : omnibus iuxta pietatis a deo indultae mensuram in nullo clauda est sufficientia tanti doni. In omni autem materiali re maioritas et minoritas ideo esse dinoscitur, quod quorunque in quibusque naturis quantitates corporum aequas magnitudines habere non possint et quod in maiorum molium enormi crassitudine continetur, in minorum tenuitate neutiquam capiatur. In huius vera sacrificii mystico apparatu longe aliter se modus habet, presertim cum in illa dispertitione, licet non dissimilis aliis quantitatibus disparitas habeatur, secundum tamen interioris oculi pensum non plus refert ab altari qui totum quicquid conficitur inibi sumit quam qui portiunculam omnino perminimam. Si enim multos in ara proponas panes, putas quod singuli illi singula dominica corpora faciant, et non magis numerositas, quantacunque fuerit, hostiarum ad unam internae contemplationis redigatur effigiem ? In quo etiam illud annotandum, licet proposito minus conveniat, quia aliquos in hoc ipso errasse cognovi, quod sacramentarios illos panes super aram, dum sollennia aguntur, in pixide quis ignorante sacerdote dimiserit et divina re exacta remansisse compererit. Casus ille ad cleri iudicium, qui illi aecclesiae serviebat, delatus hunc habuit censurae finem, quod videlicet quicquid erat in pixide, quae super aram dum fierent sacra resederat, pro confecto sacramento haberetur et communicaturis pro eucharistia preberetur. Quod absurdissime factum hebes est qui dubitat. Quo enim orantis intentio, immo memoria aut noticia quidem nulla porrigitur, qua ratione sacrari posse credatur ? Certe si ipsi pallae corporali sacerdote inscio subiceretur aut in quavis parte calicis gutta preter id, quod ab ipso propositum est, pependisse post exactum misterium videretur, nichil profecto inibi ad sacramentum pertinens a sapiente aliquo sentiretur : nichil enim ibi fit nisi in eo quod fides expostulantis attingit, nec

interprétée pour le tout, l'acte est compris plus facilement au sens intérieur, surtout en considérant la foi dans le corps comme un tout tenu dans de petites parties et offert morceau par morceau. Le sacrement de l'eucharistie est soit diminué, soit augmenté, selon la compréhension de chacun, de la même manière qu'on lit dans l'Exode que celui qui avait récolté plus de Manne n'en avait pas trop et celui qui en avait ramassé moins n'en manquait pas. Chacun avait la quantité qu'il pouvait manger[1]. Le sacrement est diminué dans le cas d'une compréhension obscurcie de la foi – l'utilité du sacrement n'est cependant pas des moindres – et il augmente dans le cas d'un esprit capable de croire. Une quantité égale de sainte nourriture reste pour le salut des simples : en aucun cas un si grand don ne vient à manquer, mais pour tous, elle dépend de la mesure de la piété accordée par Dieu. Dans toute chose matérielle, on admet que la grandeur et la petitesse sont dues au fait que, pour des mêmes natures, des quantités de corps ne peuvent avoir des dimensions égales et que ce qui est contenu dans l'épaisseur énorme des masses les plus grandes n'est nullement contenu dans la minceur des petites masses. De fait, la mesure ne compte pas dans la préparation mystique de ce sacrifice, – bien qu'une différence semblable se retrouve à propos d'autres quantités – puisque dans ce partage, d'après la fonction de l'œil intérieur, celui qui prend tout ce qui a été produit là ne prend pas plus de l'autel que celui qui prend la plus petite partie. Si, en effet, tu exposes beaucoup de pain sur l'autel, penses-tu que chaque pain devient un corps du Seigneur ? Ne penses-tu pas plutôt qu'une quantité d'hosties, aussi grande soit-elle, n'amène qu'une seule représentation pour la contemplation intérieure ? Il faut noter à ce propos, bien que cela convienne moins au sujet traité, que j'ai connu des gens qui ont commis une erreur. Un prêtre ignorant laissa le pain sacramentel dans une pyxide sur l'autel pendant que la messe était célébrée et il l'a retrouvée là une fois la consécration accomplie. Cet incident fut exposé au clerc qui servait dans cette église, pour avoir son avis. Il mit un terme à la controverse en disant que tout ce qui était dans la pyxide, qui était restée sur l'autel au moment de la consécration, devait, bien entendu, être considéré comme le sacrement accompli et devait être présenté pour l'eucharistie aux communiants. Il est idiot celui qui ne pense pas que c'est absurde. En effet, si ni l'intention, ni la mémoire, ou ni même l'attention du célébrant n'est dirigée vers ce pain, comment penser qu'il est consacré ? Certes, si une goutte était jetée sur l'enveloppe corporelle sans que le prêtre ne le sache, ou si une goutte était accrochée quelque part dans le calice, un homme sage

1. Ex. 16, 18.

quippiam quod sacrum fiat aliunde contrahitur nisi id solum, cui verbum dominicum, quod solummodo sacramentum conficit, coaptatur. Quod facit infidelis aut cathecuminus post evangelium in ecclesia, hoc facit panis improvide appositus aut in aliqua parte calicis fortuito stilla dependens inter sacra.

Sed iis semotis ad ea quae ceperam redeundum. *Qui,* inquit, *manducat me, vivit propter me.* Si ergo Christum ita manducari intelligas, ut in distributione illa per membra membrorumque segmenta in ora suscipientium cedere credas, verbi gratia ut iste digitum, ille digiti partem percipiat sicque per singulas partes corporis et item partium frusta procedat, profecto huic sensui verbum Christi non consonat. Quod ergo dicit « me » universitatem substantiae quae tunc erat significat, immo id quod ex utraque natura erat. Acsi diceret : qui manducat me inquantum homo sum, vivit propter me inquantum deus sum. Cum enim sit deus in duabus ex duabusque naturis, ex altera nostrum mortale vivificat, ex altera nostrum vitale clarificat. Hinc est quod corpus et sanguinem quodque singulariter tradit, ut quod corporis nostri humilitati eximendae ab erumnis naturalibus attinebat, per suum corpus in nostros usus prebitum induceret et, iuxta quod in Levitico legitur : *anima enim omnis carnis in sanguine est,* per sanguinem suum animarum nostrarum interna lustraret. Quod luce evidentius ostendit dum ad exhibitionem corporis nil aliud infert nisi *hoc est corpus meum, quod pro vobis tradetur* – quod tamen et ipsum additamentum apostoli Pauli est –, ad sanguinem autem tanto latius tractat, quanta animam corpore pretiosiorem existimat : hunc enim et pro eis quibus loquebatur *et pro multis* effundendum perhibet *in remissionem peccatorum.*

Si ergo sanguis ad diluendas a peccatis animas exponitur, profecto
116 patenter ostenditur nullum animabus inesse peccatum nisi quod ipsarum
animarum appetitu ac consensu peragitur : sicut enim manubrium sine ferro nil explicat, ita corpus sine animae voluntate preter originale non

ne verrait rien de plus, une fois le mystère accompli, que ce qui fut versé par le prêtre. Rien n'est effectué, si ce n'est ce que la foi du fidèle accomplit et rien ne devient sacré, sauf si la parole du Seigneur, qui elle seule fait le sacrement, est appliquée [sur l'espèce eucharistique]. Le pain placé inconsidérément ou une goutte suspendue par hasard dans le calice fait, parmi les choses sacrées, de même qu'un infidèle ou qu'un cathéchumène après l'Évangile dans l'église.

Mais laissons ces digressions pour revenir à ce que j'avais commencé. « Celui qui me mange, vit par moi »[1]. Si tu comprends que le Christ est mangé, en pensant que dans cette distribution, les membres et les bouts de membres tombent dans les bouches de ceux qui le reçoivent, comme si, par exemple, un doigt recevait une partie de doigt et qu'ainsi le processus se réalisait à travers les parties séparées du corps et aussi dans les fragments de ces parties, alors assurément la parole du Christ ne s'accorde pas à cette interprétation. Donc, quand il dit « me », cela signifie la totalité de la substance qui existait alors, ou plutôt, cela signifie qu'il était de l'une et de l'autre nature. C'est comme s'il disait : celui qui me mange étant homme vit à travers moi étant Dieu. Comme il est Dieu dans deux natures et de deux natures, par l'une il donne vie à notre corps mortel et par l'autre il rend glorieux notre corps immortel. C'est pour cela qu'il remet corps et sang et qu'il les remet individuellement. Ainsi, par son corps, il libère la bassesse de notre corps des misères naturelles et, d'après ce qu'on lit dans le Lévitique : « en effet, la vie de toute créature réside dans le sang »[2], par son sang il purifie l'intérieur de notre âme. Preuve en est qu'il ne dit rien d'autre pour la représentation de son corps que « ceci est mon corps remis pour vous »[3] – cela est cependant une addition de l'apôtre Paul – tandis qu'il s'attarde longuement sur le sang, car il estime l'âme plus précieuse que le corps. En effet, il dit que ce sang est versé pour ceux auxquels il parlait et « pour la multitude en rémission des péchés »[4].

Donc, si le sang a pour interprétation allégorique de laver les âmes des péchés, il est manifestement montré qu'aucune faute ne se trouve dans les âmes, à part ce qui est accompli par l'instinct et par l'accord de ces âmes.

1. Jn 6, 58.
2. Lév. 17, 14.
3. I Cor. 11-24.
4. Mtt. 26, 28 et *Canon missae* 7 (*Qui pridie*).

peccat. Si adhuc exempla rogitas, presto plane erunt simillima. Cum enim dixisset Iohannes : *multi* ex Iudeis *crediderunt in eum,* adiecit : *Iesus autem non credebat se eis :* iuxta beatum nanque Augustinum non se eis credit quia, etsi credat, nonnisi tamen baptizato eucharistiam corporis sui committit. Dicit et alias : *qui credit in me, non credit in me sed in eum qui misit me,* alias etiam : *nisi manducaveritis carnem filii hominis et biberitis sanguinem eius.*

Quia ergo de bipertito corpore domini, vero videlicet, quod superius « principale » diximus, unde haec sequentia sacramenta manarunt, ac mistico, quod « figuratum » supra appellavimus, quo omni luce purior Veritas sub panis ac vini umbra conficitur, loqui cepimus, antequam de dente et reliquiis Salvatoris disserere adoriamur questiones, quae exinde fieri solent, sub premissis testimoniis ventilare quidem volumus, nescio tamen si definire poterimus.

Queritur utrum corpus illud, quod ab altari sumitur, speciem viventis domini aut mortui gerat. Viventem autem eum scimus semper cohabitantem in se habuisse personaliter deum, nomen vero dei filii, et cum nomine ipsam rem, non amisisse ne quidem mortuum. Cum ergo se asserit manducandum, ostendere plane videtur suae personalitatis individuum. Personaliter autem deus ac homo est : deum ergo et hominem mandibilem fieri quae permittet ratio ? In eo enim verbo quo dicitur *qui manducat me* sic necessario intelligi debere videtur, temperantius autem illic : *qui manducat carnem meam et bibit sanguinem meum, in me manet.* Quae

De même qu'un manche sans fer ne nuit pas [1], un corps ne pèche pas sans la volonté de l'âme, excepté dans le cas du péché originel. Si tu demandes encore des exemples, il y en a de très semblables. Jean disait, en effet : « beaucoup [de Juifs] crurent en lui » et il ajouta : « Mais Jésus ne leur faisait pas confiance » [2]. Selon saint Augustin, il ne leur faisait pas confiance, parce que même si c'était le cas, il ne donne l'eucharistie de son corps qu'au baptisé [3]. Et il dit d'autres choses : « celui qui croit en moi ne croit pas en moi, mais en celui qui m'a envoyé » [4], et encore : « si vous ne mangez pas la chair du Fils de l'homme et si vous ne buvez pas son sang, vous n'aurez pas en vous la vie » [5].

Nous avons donc commencé à parler des deux parties du corps du Seigneur, que nous avons appelées corps principal, duquel ce sacrement émane, et corps mystique, désigné ci-dessus de « figuré », duquel la vérité, plus pure que toute lumière, est amenée sous les apparences du pain et du vin. Nous voulons discuter des témoignages annoncés, avant d'entreprendre l'exposé des questions habituellement posées sur la dent et sur les reliques du Sauveur. Cependant, je ne sais pas si nous pourrons les délimiter clairement.

On se demande si ce corps, que l'on élève au-dessus de l'autel, porte l'aspect du Seigneur vivant ou mort. Mais nous savons qu'il est vivant, que Dieu cohabite personnellement en lui et que même mort, il n'a pas perdu le nom de fils de Dieu, ni, outre le nom, le fait de l'être. Donc, lorsqu'il affirme qu'il faut le manger, il semble clairement présenter le caractère indivisible de sa personne. Il est Dieu et homme en sa personne. Quelle raison permettrait de rendre un dieu et un homme mangeables ? Il semble que ce doit nécessairement être compris ainsi lorsqu'il dit « celui qui me mange » [6]. Ailleurs, il parle avec plus de mesure : « celui qui mange

1. Deut. 19, 5. *Cf.* Anselme, *Du pouvoir et de l'impuissance, de la possibilité et de l'impossibilité, de la nécessité et de la liberté*, avant-propos, trad. et notes par A. Galonnier, dans M. Corbin (éd.), *L'œuvre d'Anselme de Cantorbéry*, t. 4, Paris, Éditions du Cerf, 1990, ch. 3, en part. § IV, p. 399.

2. Jn 2, 23-24.

3. Jésus ne se fie ni aux Juifs, ni même aux cathécumènes, qui n'ont pas le droit de communier. Seuls les baptisés ont droit à l'eucharistie. Augustin, *Homélies sur l'évangile de saint Jean. I-XVI*, trad., intr. et notes par M.-F. Berrouard, « Bibliothèque augustinienne », t. 11, Paris, Institut des études augustiniennes, 1993, XI, 2-4, p. 585-595.

4. Jn 12, 44.

5. Jn 6, 54.

6. Jn 6, 57.

itaque altercatio inter sani capitis homines ex hoc versari debet ? Si Christi anima deum sibi habuit insessorem, misterium illud simplicis creaturae, quod pure sacris officiis adhibetur, quis audebit dicere quin deum habeat
117 vivificatorem ? Qui enim de sancto Spiritu et virgineo sanguine cretus individuam dei ac hominis personam exhibuit, panis ac vini substantiae ad sui nobis representationem affluentissimum totius divinitatis illapsum inviscerare non debuit ? Si aqua baptismatis non modo vivificata per Spiritum sed vivificans appellatur, illi naturae, quae in divinum universa mutatur, a superna presentia, a perfecta dei inhabitatione exanimata credetur ? Illa, per cloacas ruitura, Spiritu fecundante diluendorum temporalem, immo horariam accipit potentiam peccatorum, haec hostia, sive ad salutem fidelium sumpta sive a peccatoribus et indignis presumpta, ad thronum gloriae semper refertur, nunquam desitura provehitur, fidenter dico in eius corpore, a quo prodiit, nullas unquam indignitates, non indignas humilitates usquam ab improbis perlatura suscipitur. Si enim a quolibet digne percipitur, quid aliud quam summo illi Capiti coherentium per sui ipsius quam suscipit carnem ilico commembris efficitur ? Quo nanque magis modo in corpus Iesu quisque traicitur, quam si communicando huic carni ac sanguini intimetur ? Porro si improbus illud sumas, teipsum, quia sacra sacrilege suscipis, profecto condemnas et in eo, quod corpus domini nequaquam diiudicas, idipsum quidem, quantum tibi attinet, vilipendis atque dedecoras, sed a tuis iniuriis summam illam excellentiam impenetrabilis usquequaque tuetur immunitas.

ma chair et boit mon sang demeure en moi »[1]. Sur ce point, quelle divergence d'avis peut-il y avoir entre des hommes sains d'esprit ? Si l'âme du Christ possède Dieu à l'intérieur d'elle et que ce mystère de la simple créature est purement employé pour les offices sacrés, qui osera dire qu'elle n'a pas un Dieu comme vivificateur ? Celui qui, né du Saint Esprit et du sang de la Vierge, a montré une seule personne de Dieu et d'homme, ne dût-il pas, pour se représenter à nous au travers de la substance du pain et du vin, incruster une manifestation très abondante de toute la divinité[2] ? Si l'eau baptismale est déclarée non seulement vivifiée par le Saint Esprit, mais aussi vivifiante, pour ce qui est de sa nature entièrement transformée en divin, la croira-t-on privée d'une présence céleste, privée d'une complète habitation de Dieu ? Cette eau, destinée à couler dans les égouts, rendue féconde par l'Esprit Saint, reçut le pouvoir temporaire, ou plutôt momentané, de dissoudre les péchés. De même, cette hostie, prise pour le salut des fidèles ou prise par des pécheurs et des gens indignes, est toujours ramenée au trône de gloire et est élevée pour ne jamais cesser d'agir. Je dis avec assurance qu'elle est reçue dans le corps duquel elle provient, pour ne jamais lui apporter d'outrage ni d'humilité indigne par des gens malfaisants. Si elle est prise par quelqu'un dignement, que se produit-il d'autre dans ses membres qu'une union avec la Tête Suprême à travers la chair de la personne qui le reçoit ? Comment quelqu'un peut-il être transféré dans le corps de Jésus d'une meilleure manière qu'en y étant conduit par le partage de sa chair et de son sang ? Si tu prends ce corps malhonnêtement, tu te condamnes assurément, car tu reçois de façon sacrilège les choses sacrées et tu prends le corps du Christ sans discernement[3]. Certes, jusqu'à ce qu'il t'atteigne, tu le méprises et tu le déshonores, mais une impénétrable immunité protège la plus haute Excellence de tes offenses.

1. *Ibid.*

2. *Cf.* Jean Cassin, *De Incarnatione Domini*, II, ch. 6 (PL L, col. 0044B) : « [...]*gratiam hanc Domini nostri Jesu Christi, de qua Apostolus scribit, non cum ipso natam, sed postea ei illapsu divinitatis infusam* » (« [...] cette grâce de Notre Seigneur Jésus-Christ, dont parle l'apôtre, n'est pas née avec lui, mais lui a été infusée après coup par la descente de la divinité en lui »), traduction dans Jean Cassin, *Traité de l'Incarnation contre Nestorius*, intr., trad. et notes par M.-A. Vannier, Paris, Éditions du Cerf, 1999, p. 118.

3. I Cor. 11, 29.

Sed nemo egre ferat si ex persona cuiusdam aliter sentientis paulo longius videar disputare. Pro fide, inquam, aut perfidia suscipientium constare putatur aut quasi deficere sacramentum qui infideliter aut contemptui ducens illud sumit, in quantum non reveretur nec honorificat si fidelis est, in quantum discredit si sit infidelis et mente refutat corpus domini. Ego sensu meo non video, quomodo animabus aut corporibus talium possit aptari. Si enim in sacrativo canone pro iis solum oratio pretenditur qui ortodoxi, qui cultores fidei catholicae sunt, et maxime qui
118 famuli ac famulae dei sunt – quod merito obtendi sufficeret, nedum cum additur : *quorum,* inquit, *tibi fides est cognita et nota devotio* – quid hic habet infidelis, quid reprobus christianus ? Si « pro vobis », o apostoli et caeteri sancti discipuli, « et pro multis effunditur » sanguis ille « in remissionem peccatorum », « multis » videlicet non aliis quam electis, habent quancunque, sibi tamen pessimam, pravi quilibet facultatem exterius suscipere sacramentum, sed rem sacramenti non habent. Suscipiunt quidem quod visibile solum est, sed qui ad vitam nequaquam nutriuntur ex eo perpetuam, illis exinanitur quod invisibile et utile est. Et quomodo illi tanta res adaptatur, quae in vitam aeternam percipientibus datur, si ad gehennae incendium irrecuperabiliter preparatur ? Si bonae fidei cathecuminus, quia nondum baptizatus est, divinis sacrificiis iubetur absistere, ei qui infideliter aut impudenter accedit ad ista quomodo poterit prodesse, immo non ad cumulum damnationis obesse ? Cum evangelizantibus diceretur ut hospitaturi dicerent : *pax huic domui,* adiungitur : *si ibi fuerit ftlius pacis, requiescet super illam pax vestra. Sin autem, ad vos revertetur.* Si predicatoris beneficium, reprobis infructuose dilargitum, ad ipsum reciprocatur cuius est meritum, in corpore inepte irrationabiliter que

[*1ère objection*] Personne ne serait mécontent si je parais discuter un peu longuement, en jouant le rôle d'une personne qui pense autrement[1]. On estime que le sacrement a de la valeur en fonction de la foi ou de l'incroyance de ceux qui le reçoivent, ou pour dire autrement, qu'il est inefficace pour celui qui le reçoit dans des dispositions incroyantes ou méprisantes, – si un fidèle ne lui manifeste pas respect et honneur ou alors si un infidèle refuse de croire et rejette en son cœur le corps du Christ. Mon sentiment est le suivant : je ne vois pas comment le sacrement peut être adapté aux âmes et aux corps de telles personnes. Qu'obtiennent l'infidèle et le mauvais chrétien si, dans le canon qui conduit à la consécration, la prière est adressée seulement à ceux qui sont orthodoxes, à ceux qui cultivent la foi catholique[2] et surtout aux serviteurs et aux servantes de Dieu – ce qui à bon droit suffirait comme argument. D'autant qu'il est ajouté : « ceux dont vous connaissez la foi et la dévotion »[3] ? Si le sang est « versé en rémission des péchés » « pour vous », apôtres et saints disciples, et pour beaucoup d'autres (bien entendu parmi les élus), les mauvais ont quand même une possibilité, mais néfaste, de recevoir extérieurement le sacrement, mais ils n'ont pas la chose du sacrement. Ils reçoivent uniquement ce qui est visible, mais ils ne sont nullement nourris pour la vie éternelle[4]. Ce qui est invisible et utile leur est anéanti. Et comment un si grand sacrement, qui est donné à ceux qui le prennent pour la vie éternelle, peut-il être un bénéfice pour une personne inévitablement préparée aux feux de l'enfer ? Si un catéchumène de bonne foi n'est pas invité à participer aux sacrifices divins, parce qu'il n'est pas encore baptisé, comment celui qui s'approche infidèlement ou honteusement de la communion pourrait avancer sans éviter une très grande damnation ? Le Seigneur a dit aux apôtres de parler ainsi lorsqu'ils arrivaient chez des hôtes : « Paix dans cette maison », et il ajoutait : « si un enfant de paix s'y trouve, votre paix reposera sur lui. Sinon elle retournera à vous »[5]. Si le service de l'apôtre, prodigué sans résultat aux personnes indignes, est renvoyé vers lui, qui en a le mérite, penses-tu qu'un tel cadeau [le corps du

1. Guibert va, à partir de là, énoncer sept objections contre une personne. Comme l'a remarqué à juste titre J. Rubenstein (*op. cit.*, p. 158-171), cette personne qui pense autrement est Guibert de Nogent lui-même. Ce long passage est un rajout qui suit immédiatement la première phase d'écriture. Voir *infra*, p. 91, note 1.

2. Canon missae 3 (*Te igitur*), 30-31 : « *[cum] omnibus orthodoxis atque catholicae et apostolicae fidei cultoribus* ».

3. Canon missae 2 (*Memento domine*), 32-35 : « *Memento Domine, famulorum, famularumque tuarum [...] quorum tibi fides cognita est, et nota devotio* ».

4. Canon missae 8 (*Unde et memores*).

5. Luc 10, 5.

suscipientis et in anima sordide tractantis putas tantum munus tam fedo carcere claudetur, squalentibus adeo locis indebitum ? Si Spiritus sanctus disciplinae effugit fictum nec habitat in corpore subdito peccatis, immo corripitur a superveniente iniquitate, divina ista substantia, quae filii dei corpus per eiusdem Spiritus plenitudinem et filii personae identificationem efficitur, illi spurcissimo cordi se quomodo inferet, cuius sanctus ille Spiritus habitationis impatiens sordes ferre non prevalet ?

Sed dicit quispiam : ergo si sacramentum non est nec rem sacramenti habet quisquis est qui tale quid suscipit, quare damnationi subiacet ? Ad quod ego inferam : si panis ille nichil in se sacrum preterquam panis
119 communis haberet, ille tamen qui id sumit corpus esse dominicum estimaret et ad id impudenter accipiendum sese ingereret, non minori proculdubio iudicio succumberet quam si Iesu verissimum corpus esset. Videtur ergo michi sentire profanum ut tanta dignitas, quae loco indebito nichil utilitatis, immo nefariae huic proditioni causas totius maledictionis importat, tali intrusione damnetur, ad cuius honorem nullo modo pertinet si gratia haec, quae totius mundiciae nutrix est, turpis conscientiae contagiis obruatur et miser homo sub hac presumtione multetur.

Putasne quod, si quispiam infidelis id sumeret, corpus domini esset ? Et quomodo irrisorie aut ignoranter sumenti corpus domini est, cui super ipso misterio nulla fides est ? Et si a puerulo aut quolibet insensato, qui utrum sit sacramentum discernere nesciat, presumatur, huicne tali quod corpus domini insolenter susceperit imputatur ? Nullatenus assentior. Dicam, sed sine preiudicio melioris sententiae, nulli imputari debere bene sumptum aut male hoc corpus, nisi qui primum potuerit vel ex parte agnoscere fidem eius. Certe naturaliter fatuis et amentiam incurrentibus peccata etiam gravissima, quae dementia et fatuitate committunt, ad damnationem imputare nullus audet, nec eum addicere peccato quis debet, qui malum conscientia discernente non perpetret. Plane indubium est innumeros episcopalis et secundi ordinis extitisse viros, qui et haec sacra populis celebrarent et fidem veritatis internae sacrorum eorundem nullatenus haberent. Putas ergo, cum ista gererent nec pretium eorum quae exterius videbantur actitare tenerent, quod, quantum ad se pertinebat, aliquid celeste conficerent ? Minime, nec panis ac vini penes ipsos

Christ] est enfermé dans une prison si vile, dans des lieux à ce point malpropres, c'est-à-dire dans le corps de celui qui le reçoit maladroitement et déraisonnablement et dans l'âme de celui qui l'accueille salement ? Si le Saint Esprit fuit le mensonge de la doctrine et n'habite pas dans un corps sujet aux péchés – il est au contraire saisi par l'injustice qui survient – comment cette divine substance, qui est devenue le corps du Fils de Dieu par la plénitude de l'Esprit et par l'identification de la personne du Fils, s'introduirait-t-elle dans ce cœur très sale où l'Esprit ne peut supporter la crasse de cette habitation ?

[*2e objection*] Si ni le sacrement, ni la chose du sacrement ne sont présents, on peut alors se demander pourquoi l'individu qui reçoit ce genre de choses est exposé à la damnation ? À cela, je répondrais que si ce pain n'a rien en lui de plus sacré que le pain ordinaire, mais que celui qui le prend pense que c'est le corps du Christ et l'avale pour le recevoir impudemment, il succombera sans doute à un jugement non moins sévère que si c'était le véritable corps de Jésus. Il me paraît sacrilège de penser qu'une chose si digne souffre d'une telle ingestion, alors qu'elle n'apporte rien d'utile dans un lieu indu mais attire les causes d'une complète malédiction suite à cette abominable trahison. Son honneur n'est nullement atteint si cette grâce, nourrice de toute pureté, est étouffée par le contact d'une conscience honteuse. L'homme misérable est ainsi puni de sa présomption.

[*3e objection*] Penses-tu que si un infidèle recevait ce sacrement, ce serait le corps du Seigneur ? Comment le corps du Seigneur est-il pour celui qui n'a aucune foi dans ce mystère et qui le prend par moquerie ou par ignorance ? Doit-on accabler un petit enfant ou une personne sans raison, incapable de distinguer si c'est ou non un sacrement, pour avoir pris insolemment le corps du Christ ? Je réponds non. Mais sans préjugés contre quelqu'un qui aurait un meilleur avis, que ce corps soit pris en bien ou en mal, je dirais que personne ne doit en subir les conséquences, sauf celui qui reconnaît au moins en partie sa foi en ce corps. Certainement, personne n'ose damner les gens naturellement sots ou presque fous qui ont commis par démence ou par sottise des péchés, même les plus graves. Celui qui a fait du mal sans capacité de discernement ne doit pas être accusé de péché. Il est indubitable qu'il y eut d'innombrables hommes de l'ordre épiscopal et du second ordre qui ont célébré ce sacrement pour le peuple et qui n'ont nullement eu la foi en la vérité interne de ce sacrement. Alors qu'ils accomplissaient ce sacrement et ne comprenaient pas la valeur de ce qu'ils paraissaient faire extérieurement, penses-tu qu'ils faisaient, dans la mesure où ils étaient concernés, quelque chose de céleste ? Pas du tout.

substantia mutabatur, quia dominicorum verborum, per quae misteria consummantur, actum eorum exteriorem fides mentium nulla consequitur, quae spiritualis transformationis archanum sola specialiter promeretur.

Sed ad haec, in quo vel precipue divina virtus eminet, gratia ista, quae fictos sacerdotes effugit, fideles populos, quibus ista geruntur, non deserit,
120 dum corpus idem, quod non est corpus apud illos qui idipsum infideliter administrant, sit sacramentum et res sacramenti iis qui, licet infideli, fideliter tamen astant. Verbi gratia, si baptismum subeat Iudeus quispiam, quod crebro contingit, mente perfida lucri causa, nunquid immunitatem peccatorum assequitur ? Et qui ad tantam puritatem fictus malivolusque procedit, is ipse Spiritus sanctus, cuius potentiae fuit sanctificare baptismum, nullo modo prevaluit indulgere peccatum qualecunque vel minimum. Quod quidem si potuisset, non potentia profecto sed impotentia, et haec iniusta, fuisset : sane vecordi et impaenitenti condonare reatum nichil aliud est, ut michi videtur, quam criminosis atque superbis favorem indulgendo prestare malignum. Et quomodo deus erit, si scelera sua perseverantibus in eis impune remittit ? Fictus certe baptisma subiit et illud nempe, quod sanctus Spiritus ad imprecationem cuiuscunque sacerdotis indubie imbuit et efficax fecit, et tamen inefficax repperit qui fictus accessit. Ecce luce clarius fit evidens quod ubi fides non est, sacramentum etiam fit impotens. Nec michi quis obiciat quod etiam ethnicus hereticusque baptizat, quia alia auctoritas est in dando quam confessionis divini nominis in suscipiendo. Ad dantem enim et sacrificantem ministerium exterius refertur, ad Christum vero efficientia reportatur, cui sicut dicitur : *hic est qui baptizat,* perhibetur etiam quia solus sacrificat. Si ergo dantes, id est ministros, singularis, quia eam sibi retinuit, Christi commendat auctoritas, in confessoribus utique discernendis, dum

Entre leurs mains, la substance du pain et du vin n'est pas changée, car aucune foi en les paroles du Seigneur, par lesquelles le mystère est consommé, n'accompagne, dans leurs esprits, l'acte extérieur. Seule la foi accomplit spécifiquement le secret spirituel de la transformation [1].

[*4e objection*] Mais dans ce mystère où la vertu divine est particulièrement présente [2], cette grâce, qui échappe aux faux prêtres, n'abandonne pas le peuple fidèle pour lequel ces faits sont accomplis. Ce même corps, qui n'est pas un corps pour ceux qui l'administrent infidèlement, est le sacrement et la chose du sacrement pour les fidèles, même si les prêtres sont infidèles. Par exemple, si un Juif approchait du baptême avec une intention perfide de profit –ce qui arrive souvent– obtiendrait-il la rémission des péchés ? Le Saint Esprit lui-même, qui a le pouvoir de sanctifier le baptême, n'a aucunement la possibilité de pardonner un péché, même le moindre, lorsqu'une personne incroyante et malveillante s'approche d'une si grande pureté. Et même s'il le pouvait, ce ne serait assurément pas un pouvoir, mais une impuissance, et ce serait injuste. Réellement, s'il pardonnait une faute à un fourbe ou à un impénitent, ce ne serait rien d'autre, il me semble, que de manifester, par indulgence, une mauvaise faveur aux criminels et aux orgueilleux. Et comment Dieu sera-t-il, s'il pardonne les fautes de ceux qui persévèrent impunément? L'incroyant a certes reçu le baptême, indubitablement imprégné par le Saint Esprit et rendu efficace par l'invocation du prêtre, mais [ce sacrement] devient inefficace pour celui qui l'approche faussement. Il est évidemment plus clair que la lumière que le sacrement devient impuissant là où il n'y a pas de foi. Comme le fait d'administrer ou le fait de recevoir procèdent d'une autre autorité de nom divin, personne ne peut m'objecter que même le païen et l'hérétique baptisent. Le geste d'administrer et de sacrifier est rapporté d'une manière extérieure à la personne qui donne, mais l'efficacité appartient au Christ, de qui il est dit : « ici est celui qui baptise » [3]. Le Christ est présenté ainsi, parce que lui seul offre un sacrifice. Si donc, l'autorité du Christ recommande individuellement ceux qui donnent le sacrement, c'est-à-dire les prêtres, il y a en

1. La traduction par L.C. Nash (*op. cit.*, p. 60) de *transformatio* par « transsubstantiation » est maladroite, car quelque peu anachronique. Ce terme-ci n'apparaît qu'entre 1167 et 1173 chez Pierre le Mangeur, *Historia scholastica : historia evangelica*, ch. 152 (PL CXCVIII col. 1618B) : « *ex virtute horum verborum fit* transsubstantiatio » et la doctrine de la transsubstantiation ne sera fixée qu'en 1215 par le Concile de Latran IV.

2. 2 Petr. 1, 3.

3. Jn. 1, 33 ; Hebr. 10, 12 et Augustin, *Homélies…I-XVI*, *op. cit.*, VI, 7, p. 355-357.

in hoc versamur seculo, constat multa dubietas. Unde psalmus : *statuit,* inquit, *aquas quasi in utre.* Si aquae spiritualia dona sunt, de quibus alibi dicitur : *flumen dei repletum aquis,* vel etiam ipse baptismus, haec cui vult deus infundit, cui vult obserat, pro intentione videlicet ac merito accedentis et cohibet et dat.

His etiam aliquid non minus quam superiora poterit valere subiectum. Scimus et ex multiplici canone tenemus simoniace ordinatos sive presules sive presbiteros nil a suo ordinatore recipere, sed et, cum alios idem ordinaverint aut sacrificaverint, quod a nemine acceperint seu facere seu
121 dare non posse. Huic tamen tam negotioso periculo conditio divina se ingerit, ut, si ab illis, a quibus simoniaci nesciuntur, sacrum quippiam per eorum manus impositionem accipitur, per fidem suscipientis et pestem illam ignorantis virus totius illius hereseos vacuetur, intantum, ut quod simoniacus ipse non habet, cum videbitur etiam non habita prestitisse, ratum ex sola accipientis fide constet. Ponamus quoque eregione sanctum aliquem totius simoniacae cladis expertem, cuius secundarii, archidiaconi scilicet aut decani, simoniace conducti ad eum ordinandos inducant : a sancto quidem illo, quantumlibet sanctum legitimumque sit quod dat, nichil accipiunt sed, tanquam exanimes ad solem, nec vident nec sentiunt.

Si haec ad sacrificii divini comparationem perminima ob unius peccati immanitatem et detrahuntur et dantur et divinae pro gratia suscipientium censurae mutantur, in illo sacrosancto misterio a damnatis iustus nemo discernitur ? Scio, nec in iis beato gentium doctori me obvium prebeo dicenti *qui manducat et bibit indigne, iudicium sibi manducat et bibit,* quia qui de dominici corporis veritate non dubitat et idipsum atrocis aut flagitiosi animi improbitate, ut sic dicam, ecclesiastico verbo communicat, in quo tantae personalitati non defert, nosse velim quid sacri, quid utilis ab altari refert. Esto : ecce vel sacramentum, etsi insolenter et stolide non tam

tout cas beaucoup de doutes dans le fait de distinguer les confesseurs, pendant que nous sommes dans ce monde, car le Christ conserve cette autorité. D'où le psaume: « il dressa les eaux comme si elles étaient dans une outre »[1]. Si les eaux sont des dons spirituels, desquelles il est dit ailleurs: « le fleuve de Dieu est rempli par les eaux »[2], alors le baptême répand ces dons sur celui que Dieu veut, il les sème sur celui qu'il veut, il les retient et les donne pour l'intention et le mérite de celui qui approche le sacrement.

[*5e objection*] Quelque chose d'autre, ajouté à ce qui se trouve ci-dessus, pourrait apporter plus de valeur. Nous savons, et nous le tenons de nombreux canons, que les évêques ou les prêtres ordonnés par un prélat simoniaque ne reçoivent rien de lui. Lorsqu'ils en ordonnent d'autres ou offrent le sacrifice, ils ne peuvent ni faire ni donner ce qu'ils n'ont pas reçu. Cependant, dans cette difficulté qui absorbe tant, le fondement divin s'impose. Si ceux qui ne connaissent pas les simoniaques reçoivent quelque chose de sacré par l'imposition de leurs mains, le venin de toute cette hérésie est rendu vain par la foi du receveur ignorant ce fléau, bien que le simoniaque n'a lui-même rien de sacré. Même lorsque celui-ci semblera conférer les pouvoirs qu'il n'a pas, le receveur validera le sacré uniquement par sa foi. À l'inverse, supposons un saint homme, dépourvu de toute hérésie de simonie. Des acolytes, des archidiacres ou des doyens achetés par simonie, lui amènent des personnes à ordonner. Quel que soit le sacré et le légitime que ce saint homme donne, ces personnes ne reçoivent rien de lui. Comme des morts qui se dirigent vers la lumière, ils ne voient et ne sentent rien.

Si ces ordinations, minimes en comparaison du sacrifice divin, sont retirées ou données en raison de l'importance d'un péché et sont changées selon la grâce du jugement divin pour ceux qui reçoivent, est-ce que, dans ce sacro-saint mystère, l'homme juste n'est pas distingué des gens condamnés ? Je sais qu'il l'est. À cela, je ne m'oppose pas à l'heureux docteur des gentils qui dit : « celui qui mange et boit indignement, mange et boit sa propre condamnation »[3]. Celui qui ne doute pas de la vérité du corps du Seigneur et de la perversité des âmes cruelles et honteuses, ainsi que je le dis, s'associe à la parole ecclésiastique en ne manquant pas de respect envers une telle personnalité. Je voudrais, de plus, savoir ce qu'il prend de sacré et d'utile de l'autel. Voilà comment est le sacrement, même s'il est moins pris que supprimé insolemment et stupidement.

1. Ps. 77, 13.
2. Ps. 64, 10.
3. 1 Cor. 11, 29.

sumptum quam presumptum. Etsi hoc certe conceditur, quomodo tamen rem sacramenti inde referat non videtur : quodsi res sacramenti deest, sacramentum sumpsisse quid prodest ? Sacramentum autem trifariam dividitur. Pro iure iurando nanque ponitur et pro re quoque sacrata dici solet, pro misterio etiam accipitur. Sit ergo res sacra sitque misterium, hoc totum fit sullata re sacramenti indigno supplicium. Dicemus itaque quod huius tanti muneris caelo ac terrae adoranda maiestas putentissimo pectori scelesti cuiuspiam se libenter immergat, ob hoc scilicet solum, ut damnandi hominis miserum cor exurat ? Absit hoc a piissima benigni Iesu
122 anima ! Corde credo ac ore confiteor quod ad haec sancta presumptor accedens dignissime puniatur, sed nullatenus profiteri audeam quod tantae veritatis dignitas locis infamibus teneatur. *Etsi novimus,* ait apostolus, *Iesum secundum carnem, sed nunc iam non novimus :* iam ergo in paternae coaequualitatis provectus assessu ad contumelias tolerandas iterum redigetur, ut vitioso qui quondam quo caput reclinaret non habuit obsolescere modo cogatur hospitio ? Audeo et bonam ad deum fidem habeo, unde et tutius dico Iesum dominum crucem potuisse portare facilius quam humanam conversationem tolerare fedis in moribus. Ad hoc ergo eum reciprocata miseria referat, ut ad ferendos nostri generis rursus errores redire invideat ? Impassibilitatem suam forte fastidit et ad consueti quondam corporis molestias quietis impatiens decedere gestit ! Addiscere velim ab aliquo quid sit : *qui manducat me, vivit propter me.* Quid est « manducare », quid est « me » ? Amfibolum est et bene ac male manducari potest : dominus absolute, apostolus conditionaliter ponit. Sed quid manducatur ? *Panis,* inquit, *quem ego dedero, caro mea est,* et psalmus : *panem,* inquit, *angelorum manducavit homo.* « Manducare » michi nil

Certes, bien que cela soit admis, la manière dont la chose du sacrement est renvoyée n'est pas claire. Si la chose du sacrement manque, quelle est l'utilité de prendre le sacrement ? Mais le sacrement est divisé en trois significations. En effet, il est présenté comme un serment, il est habituellement dit pour une chose sacrée et, enfin, il est considéré comme un mystère. Donc, qu'il soit une chose sacrée ou un mystère, il devient une punition pour l'indigne, une fois enlevée la chose du sacrement. Pouvons-nous dire que la majesté d'un si grand cadeau – majesté qui doit être adorée au ciel et sur la terre – s'immerge de plein gré dans le cœur le plus pourri de n'importe quel scélérat, uniquement pour brûler le cœur misérable d'un homme damné ? L'âme très pieuse du bienveillant Jésus est éloignée de cela. Je crois dans mon cœur, et j'avoue par ma bouche [1], que l'usurpateur accédant à ces choses saintes est puni très dignement, mais je n'oserais nullement déclarer que la dignité d'une telle vérité est conservée dans des lieux infâmes. Et l'apôtre dit : « Même si nous avons connu Jésus selon la chair, maintenant nous ne le connaissons déjà plus de cette manière » [2]. Donc, élevé désormais pour siéger à l'égal du Père, doit-il à nouveau tolérer des affronts et être forcé de s'affaiblir dans une habitation corrompue, lui qui n'a pas un lieu où reposer sa tête [3] ? J'ose parler ainsi, et je possède la bonne foi de Dieu [4]. Je suis alors rassuré pour dire que le Seigneur Jésus a pu porter la croix plus facilement que tolérer la fréquentation des mœurs humaines honteuses. Est-ce qu'une misère partagée [avec l'homme] le ramènerait pour qu'il désire revenir et supporter les erreurs commises par notre espèce ? Il dédaigne peut-être son impassibilité et, ne pouvant supporter la tranquillité, il désire se retirer vers les douleurs du corps, dont il fut accoutumé. Je voudrais qu'on m'apprenne ce que signifie : « celui qui me mange, vit par moi » [5]. Que signifie « manger », que signifie « me » ? C'est ambigu, et il peut être mangé en bien ou en mal. Le Seigneur l'a posé d'une façon absolue, l'apôtre d'une façon conditionnelle [6]. Mais, qu'est-ce qui est mangé ? Il dit : « Le pain que je

1. « *Corde credo ac ore confiteor* » (*cf.* Rom. 10, 10) : expression courante dans les discussions eucharistiques.

2. 2 Cor. 5, 16.

3. Luc 9, 58.

4. 2 Cor. 5, 8.

5. Jn. 6, 58.

6. Le Seigneur a dit « celui qui me mange vit par moi » et l'apôtre « celui qui mange et boit indignement, mange et boit sa propre condamnation ». La parole du Seigneur est donc absolue, car il ne fait pas de distinction entre bons ou mauvais, contrairement à l'apôtre Paul.

aliud videtur quam ad seipsum Iesu vitam exemplificare, et hoc est quod dicit « me », acsi diceret : me non manducat qui non se michi uniendo concorporat. Michi non credatur, nisi verba dominica meis consonare probentur. *Panem,* ait, *nostrum cotidianum da nobis hodie.* Ex quorum persona id loquitur ? Eorum plane qui dicunt et dicere possunt : *Pater noster, qui es in celis.* Quorum putas pater ? Utique electorum, qui dei patris moribus assimilari contendunt. *Estote sancti,* ait, *sicut et ego sanctus sum :* hi, inquam, filii clamant « panem nostrum », acsi dicerent : te opere ac veritate fatemur patrem nostrum, da nobis panem, non exterorum sed proprie « nostrum ». Cuius est haec oratio ? Indubie salvandorum, dicunt enim : *adveniat regnum tuum,* id est coalescat sancta ecclesia, quae **123** speciale dei regnum est, quod alias dicit non esse de hoc mundo : si enim de mundo esset, mundus suum diligeret. Ergo panis iste, qui et dicitur angelorum, quis audeat dicere quod alicui pertineat reproborum ? Soli itaque sorti conceditur electorum. *Qui* igitur *manducat me, vivit propter me,* id est nemo carni et sanguini meo communicat, nisi quem inspiratio mei interna vivificat. Pensa, si vis, quid homo damnandus hic habeat, quem sibi diabolus ad gehennam vitiis innutriendo mortificat. Nam huiusmodi hominem, quod tamen dei solius discernere sit, cum sit provisus ad mortem quomodo vel semel in vita digne sacris illis participare valeat nullatenus video. Quem enim pani, qui in vitam datur aeternam et qui *pignus salutis aeternae* vocatur, constat proculdubio fieri non posse concorporem, tantum reor in hoc seculo a veri sacramenti omnimoda susceptione discordem, quantum in futuro ab ipsius re sacramenti esse constabit extorrem. Dico nanque, nec sanum quis sapiens diffiteri poterit, quod qui semel illud digne susceperit, ullo modo exors ab aeterna, cujus certissimum pignus est, salute non erit. Vides itaque cuius ex toto usui pertineat esus iste.

donnerai est ma chair »[1] et le psaume : « L'homme a mangé le pain des anges »[2]. Il me semble que « manger » n'est rien d'autre que de prendre exemple sur la vie de Jésus. C'est ce que cela signifie lorsqu'il dit « me », comme s'il disait : il ne me mange pas celui qui m'incorpore en ne s'unissant pas à moi. Je ne le croirais pas, si les paroles du Seigneur ne concordaient pas aux miennes. Il dit : « Donne-nous aujourd'hui notre pain quotidien »[3]. De quelles personnes parle-t-il ? De celles qui disent et peuvent dire : « Notre Père qui es au ciel »[4]. Père, penses-tu à elles ? En tout tout cas, tu penses aux élus qui essaient de ressembler aux vertus de Dieu le Père. « Vous serez saints, comme je suis saint »[5]. Ces fils, dis-je, clament « notre pain », comme s'ils disaient : nous reconnaissons que tu es notre Père en acte et en vérité, donne-nous le pain, non pas le « nôtre » des autres, mais le « nôtre » propre. De qui vient cette prière ? De ceux qui vont être sauvés, indubitablement. Ils disent en effet : « que ton règne vienne »[6], c'est-à-dire, que s'unisse la sainte Église, qui est spécialement le royaume de Dieu. Il dit ailleurs qu'il n'est pas de ce monde. S'il était de ce monde, le monde l'aimerait[7]. Donc, qui oserait dire que ce pain, appelé pain des anges[8], appartient à un réprouvé ? C'est pour cette raison que ce pain n'est accordé qu'à la condition des élus. Donc, « celui qui me mange vit par moi », c'est-à-dire, seul celui que mon souffle vivifie à l'intérieur communique avec ma chair et mon sang. Penses, si tu veux, à ce que l'homme voué à la damnation a ici-bas, lui que le diable condamne à l'enfer en l'élevant dans le vice. En effet, parce que c'est seulement le propre de Dieu de faire la distinction, je ne vois nullement comment un homme de cette sorte pourrait, même une fois dans sa vie, participer dignement à ces actes sacrés, puisqu'il est destiné à la damnation. Il est établi qu'il ne peut faire corps avec le pain, qui est donné pour la vie éternelle et est appelé « gage du salut éternel ». Je crois qu'il est autant exclu de toute réception du vrai sacrement dans ce monde, qu'il est banni de la chose de ce sacrement dans le monde à venir. Je dis en effet, et l'homme sage ne pourra raisonnablement pas disconvenir, que celui qui l'a reçu une fois dignement ne sera en aucun cas privé du salut éternel, dont il est le gage le plus sûr. Tu vois, donc, à l'usage de qui s'adresse cette nourriture.

1. Jn. 6, 52.
2. Ps. 77, 25.
3. Luc 11, 13.
4. Mtt. 6, 9.
5. Levit. 11, 44.
6. Mtt. 6, 10.
7. Jn 15, 19 : « *Si de mundo fuissetis, mundus quod suum erat diliigeret* ».
8. Ps. 77, 25.

Si animum insolentem ambiguitas adhuc ulla remordet, lege beati Cipriani librum De lapsis : illic, nisi fallor, invenies aliquos, qui in persecutione conciderant et de sacrificii cruore gustarant, tempore pacis indultae acsi innocentes ecclesiis se immiscuisse fidelium ac aeque ut caeteros idem dominici corporis suscepisse sacramentum, aliquos, nescio mares aut feminas, nitidis, ut tunc temporis moris fuerat, linteolis extulisse domum et arcis suis indidisse servandum. Nec mora, cum id sumendum reviserent, in favillas ac cineres repperere redactum, pusiones etiam ipsi, qui genitricum ulnis ad eucharistiam ferebantur, postquam ipsam de sacerdotis manu ore susceperant tussitantes reiciebant, si tamen et ipsi quippiam de immolaticio cruore sorbuerant. Quid igitur corpus domini ad favillam ? Quae causa ei proprium puniendi corpus, cum eos, qui a corpore
124 sua desciverant, potius ultum iri debuerat ? Certe qui tantum suo corpori honorificentiae alias ac humanae tuitionis attribuit, nunquam, si corpus suum esset, redigi in cineres permittere debuit.

Dic michi quivis quare dominus abiturus e mundo vicarium quo frueremur interim nobis corpus effecerit. Plane inferam : propter commune solatium suique memoriam, fidem quoque exercendam. Si ergo tria haec

[*6e objection*] Si, jusque-là, quelque incertitude ronge ton âme orgueilleuse, lis le *De lapsis* de saint Cyprien. Là, si je ne me trompe pas, tu trouveras que certains hommes, qui avaient été des persécuteurs et avaient goûté au sang du sacrifice, venu le temps d'une paix qui a été accordée, se mêlèrent aux églises des fidèles comme des innocents et reçurent de la même manière que les autres le sacrement du corps du Seigneur [1]. D'autres personnes – je ne sais si ce sont des hommes ou des femmes – ont transporté ce sacrement chez eux dans de belles toiles de lin, comme c'était alors la coutume de l'époque. Elles l'ont mis dans leurs coffres pour le conserver. Plus tard, alors qu'elles revenaient pour le voir et pour le prendre, elles le trouvèrent réduit en poussière et en cendres [2]. Il y eut aussi des petits garçons portés à l'eucharistie dans les bras de leurs mères, qui, après l'avoir reçue dans la bouche par la main du prêtre, la rejetaient en toussant. Si, cependant, ils ne l'avaient pas rejetée, ils auraient reçu quelque chose du sang du sacrifice [3]. Quel rapport entre le corps du Christ et la poussière ? Quelle raison le Christ aurait-il de punir son propre corps, quand il peut punir ceux qui se sont détachés de son propre corps. Certainement, celui qui attribue tant de révérence et de protection humaine à son corps ne permettrait jamais, si c'était son corps, qu'il soit réduit en cendres.

Dis-moi, s'il te plaît, pourquoi le Seigneur, sur le point de quitter le monde, a fait ce corps vicarial, dont nous jouissons entre temps. Je dirais simplement : pour une commune consolation, pour sa mémoire et pour

1. Il s'agit d'un résumé très libre de deux anecdotes du chapitre 26 du *De Lapsis*. Un homme et une femme en état de graves péchés se mêlent secrètement à la communion. L'un voit l'hostie se consumer entre ses mains et l'autre meurt sur-le-champ après avoir consommé l'eucharistie. Cyprien, *De Lapsis and De Ecclesiae Catholicae Unitate*, éd. et trad. par M. Benevot, Oxford, Clarendon Press, 1971, p. 38-42.

2. Dans le *De Lapsis*, il s'agit d'une femme indigne (*manibus indignis*) qui veut prendre l'hostie qu'elle conserve chez elle dans une boîte. Mais l'hostie se met à brûler. « *Et cum quaedam arcam suam, in qua Domini sanctum fuit, manibus indignis temptasset aperire, igne inde surgente deterrita est ne auderet adtingere* » (« Et lorsqu'elle essaya d'ouvrir avec des mains indignes le coffre dans lequel se trouvait [le corps] saint, un feu surgit de là et elle n'osa pas le toucher »), *ibid.*

3. Guibert de Nogent résume à nouveau librement le chapitre 25 du *De Lapsis*. Une fillette est confiée à une nurse qui l'amène auprès d'une foule d'infidèles et qui lui fait boire du pain trempé dans un vin bu par ces gens déjà condamnés. La mère, après avoir récupéré sa fille et ignorant ce qui s'est passé, la fait communier. L'enfant refuse de prendre l'hostie, mais le prêtre persiste. Elle vomit le corps du Christ qui ne peut rester dans un ventre souillé : « [...] *in corpore adque ore violato eucharistia permanere non potuit, sanctificatus in Domini sanguine potus de pollutis visceribus erupit* » (« [...] l'eucharistie ne peut rester dans un corps ou une bouche qui porte outrage ; la boisson sanctifiée par le sang du Seigneur sort du ventre pollué »), *ibid.*, p. 38.

causa videntur, ubi haec ipsa deesse probantur, vices inibi Christus omnino cassas habere putatur; presertim ubi solatio nulli est, memoria defit, cuius fides exerceri debeat, immo velit, non habetur. Hoc non modo in ethnicis, sed in aversis a deo christianis aspicimus, quos infidelibus deteriores vocat apostolus. Ubi ergo fides non est quae adiuvetur et devotio quae id exigat, nescio quas ibidem vices Christi corpus efficiat. Vide itaque quia solis fidelibus, et hoc ad partem salvandorum pertinentibus, misterium istud attineat. Ceterum qui procaciter id usurpat – bonis enim ac malis interim facultas ista suppeditat – nescio utrumne vel ipsum sacramentum sumat, scio tamen quod ex eo, quod estimat sacramentum esse, se damnat.

Quid, quod a muribus canibusque absumptum audivimus, quod neglegentia custodum putre aut mucidum disperit, quod casibus diversis addicitur, quod denique flammis aduritur ? An corpori sacrosancto quod mures abroserint, quod canes prolambuerint, applicabitur, ut quod ad animae potius quam corporis usum fidei nostrae vix magnanimitas emeretur, hoc gratuito murium canumque ventribus apparetur ? Dicemus ergo quod vilium bestiolarum dentes fortuitu molant quod tantis affectibus totque cum lacrimis christiani presules cum piis gregibus, Christo tamen prepontificante, immolant ? Hoc, queso, omnibus sanctis omnino oblitteretur a sensibus ! Superius constat utcunque probatum, ad fidei verae subsidium hoc muneris a deo prestitum, et quod solius fidei merito attribuitur, nulla creatura nisi vere fidelis hinc pascitur. Et cum hoc unico cibo vera quorunque fides alatur, nullatenus esse constat sacramentum, nedum prestare rem sacramenti, postquam ad impias animas et animalia bruta transigitur. Quodsi hoc misterio nostrae redemptionis ascribitur, res nostrae credulitatis adversariis valde ridicula promovetur. Si enim
125 occentare possunt qui super dominico corpore libenter disputant et id figuram, non veritatem esse volunt quod bestiis et hominibus commune sit idem, facili argumentatione nos subigent et ex solo pudore hebitudinis nostrae convincent, dum nostra sacramenta hominibus ac bestiis communia dicent. Ad fidem ergo, ubilibet reperiatur, sacramenti veritas

éprouver la foi. Si ces trois choses semblent être la raison, lorsqu'il est prouvé qu'elles manquent (surtout lorsqu'il n'y a de consolation pour personne, que la mémoire du Christ fait défaut et qu'il n'y a personne qui doit, ou plutôt qui veut, éprouver sa foi), on peut estimer que le Christ a des fonctions entièrement inutiles. Nous observons cela, non seulement chez les païens, mais aussi chez les chrétiens qui se sont détournés de Dieu, que l'apôtre désigne comme pires que des infidèles [1]. Là, donc, où il n'y a pas la foi pour être ravivée et pas de dévotion pour exiger cela, je ne sais pas quelles fonctions le corps du Christ effectuerait. Ainsi, tu vois que ce mystère ne concerne que les fidèles et que la partie de ceux qui s'appliquent à être sauvés. J'ignore si celui qui l'usurpe effrontément – cette capacité est parfois en abondance chez les bons et chez les méchants – prend ce sacrement. En revanche, je sais qu'il se condamne par ce qu'il estime être un sacrement.

[*7e objection*] Nous avons entendu qu'il fut consommé par des souris et des chiens, qu'il est devenu moisi ou pourri par la négligence des surveillants, qu'il fut abandonné à divers aléas, ou enfin, qu'il fut brûlé par les flammes. Que dire de cela ? Or, est-ce que ce corps sacro-saint peut subir d'être rongé par les souris, d'être léché par les chiens ? Ce que la grandeur de notre foi peine à acheter pour l'usage de notre âme plutôt que de notre corps peut-il apparaître gratuitement dans les ventres des animaux ? Pouvons-nous dire que les dents de viles bêtes moulent par hasard ce que les pieux troupeaux et ceux qui se trouvent à la tête des chrétiens, avec le Christ pontife suprême, immolent avec tant de passions et de larmes ? Je demande que cela soit totalement écarté des pensées de toutes les saintes personnes. Dans tous les cas, nous avons prouvé ci-dessus qu'aucune créature, excepté le vrai croyant, ne se nourrit de ce qui a été offert par Dieu en guise de présent pour aider la foi véritable et qui est attribué au mérite de la foi seule. Etant donné que cette unique nourriture nourrit la vraie foi de chacun, il est évident qu'après avoir passé dans les âmes impies et les bêtes brutes, elle n'est pas un sacrement et elle garantit encore moins la chose du sacrement. Si cela était attribué au mystère de notre rédemption, le sujet de notre croyance deviendrait tout à fait ridicule pour nos adversaires. En effet, si ceux qui discutent librement au sujet du corps du Christ peuvent chanter joyeusement en disant que nos sacrements sont communs aux hommes et aux bêtes et s'ils veulent que ce corps soit une figure et non la vérité, parce qu'il est commun aux bêtes et aux hommes, ils nous soumettront par une argumentation facile et ils nous

1. 1 Tim. 5, 8.

habeatur, ad incidentes bestiarum seu quorumlibet aliorum discriminum casus, quia non est fides cui haereat, substantia quae prius fuerat habeatur potius quam nevus illi unicae sinceritati tantae turpitudinis inuratur.

Si enim dum uritur, dum putrefit, dum roditur lambiturque eadem ubique maiestate procedit, tanta gloria nulli miseriae non subiecta decedit. Et licet iis videatur addicta periculis, non tamen vacant a gravibus animarum suarum exitiis qui tantae rei prestituti videntur esse custodiis et corpus domini vere produnt qui id observantia cligna destituunt, quod tamen sacramentum non est dum transit in externa pabula, illis vero est proditio totius veri misterii et crimen desertionis horrendae, quibus rei huius erat attributa diligentia.

His ergo ultra quam putaveramus digrediendo tractatis, haec nostris super hac re sermonibus clausula supponatur ut nulli humanae, immo terrigenae creaturae cibus iste, in quantum supersubstantialis dicitur, in alimentum nisi vere fidelium et ad vitam predestinatorum aeternam devenire posse credatur. Quod si devenerit, nil aliud quam pure panis esse putetur, nec hoc tamen dictum repetere piget quia si infidelis aut prorsus indignus accedat, ex eo quod impudenter ad ea quae sibi non competunt se ingerit, se concremat, nec tamen credi licet quod tanta dignitas adeo fedae

convaincront par la seule honte de notre stupidité. Au regard de la foi, la vérité du sacrement est maintenue en toutes circonstances. Face aux accidents dus aux bêtes et à tous autres aléas, puisque ce n'est pas une question de foi, on considère la substance telle qu'elle était avant plutôt qu'on marque de la flétrissure d'une si grande ignominie sa pureté sans pareille.

Si, en effet, lorsqu'elle brûle, lorsqu'elle pourrit, lorsqu'elle est rongée et léchée, elle se manifeste dans tous les cas avec la même majesté, il n'est alors aucune misère à laquelle on soumette une telle gloire au point de la faire disparaître. Bien qu'elle paraisse seulement exposée à ces risques, les âmes de ceux qui sont assignés à la garde d'une si grande chose ne sont cependant pas à l'abri de destinées fâcheuses. En vérité, ceux qui privent le corps du Seigneur du respect qu'il mérite, trahissent ce corps. Il n'est, certes, pas sacrement lorsqu'il sert de pâture à des agents extérieurs, mais il y a, de la part de ceux à qui avait été dévolue la protection d'un tel objet, trahison du vrai mystère en son entier et crime d'atroce abandon.

Donc, après avoir digressé sur ces sujets plus que nous l'avions pensé, voici la conclusion sur cette affaire qui découle de nos propos. On croit ainsi que cette nourriture, tant qu'elle est appelée supersubstantielle [1], ne devient un véritable aliment pour aucun être humain, ou plutôt pour aucune créature née sur la terre, sauf pour les fidèles et pour les prédestinés à la vie éternelle. Si elle le devenait, on penserait que ce n'est rien d'autre que purement du pain. Il ne devrait pas coûter de répéter le précepte que si un infidèle, ou quelqu'un de tout à fait indigne, s'en approchait, il se consumerait du fait qu'il avalerait impudemment des choses qui ne lui conviennent pas. Il n'est pas permis de croire qu'une telle dignité reste dans

1. Le terme *supersubstantialis* apparaît chez Ambroise dans la glose de la prière « Notre Père », qui définit « notre pain quotidien » comme un pain supersubstantiel, du grec *epiousion* « car c'est le pain de la vie éternelle, qui élève la substance de notre âme » : « *Panem quidem dixit, sed epiousion, hoc est supersubstantialem. Non iste panis est, qui vadit in corpus, sed ille panis vitae aeternae, qui animae nostrae substantiam fulcit* ». Ambroise, *De sacramentis*, ch. 4, § 26 (PL XXVI col. 1452A-B). Augustin reprendra ce terme (Augusin, *Speculum de scriptura sacra* (PL XXXIV col. 0972)). Au XIe siècle, on le trouve chez Lanfranc, qui explique que le pain est défini de supersubstantiel, car il s'agit du pain fait chair du Seigneur qui surpasse toutes les créatures. « *Sed panem qui de coelo descendit et dat vitam mundo, panem quam Ambrosius et Augustinus eisdem verbis vocant epiousion, id est supersubstantialem, quia caro Christi omnibus creatis substantiis major esistit, omnes creaturas excellentissima dignitate precellit* ». Lanfranc, *De corpore et sanguine domini*, ch. 7 (PL CL col. 0419A-B). Anselme de Canterbury précise que c'est le pain qui est « au-dessus de toutes les autres substances » : « [...] *quia super omnes substantias est* ». Anselme, *Enarrationes in Evangelium Matthaei*, ch. 6 (PL CLXII col. 1307A).

habitationi cohaereat, sed sicut baptismus sanctus est et benivolos sanctos facit, ita malivolis preter suae fraudis crimen nil aliud quam publica unda
126 facit. Haec pro meo captu dico et ad fidem deo teste dico : si quis aliter sentiat, viderit ut sanum sapiat.

Contra haec minus temperanter asserta breviori, quia temperantiori, ratiocinatione respondeam.

Verissimum quidem est quod eucharistia proprie proprium verae fidei sit alimentum. Sed contra illud quod indignis non modo res sacramenti, sed non esse sacramentum dicitur, non solum auctoritate sed etiam, si ipsa deesset, plurima ratione renitimur. Primo siquidem, quia inconveniens valde est ut mutabilitas et alternatio tantis misteriis ascribatur, ut quod Petro et sacramentum et rem sacramenti prestiterit, hoc Iudae sub eodem momento neutrum constiterit, ut baptismatis aqua, quae post sacramenti perfunctionem subterraneis admixta laticibus nil iam refert ab aquis communibus, in nullo preponderare videatur, dum quod isti quasi pro sua dignitate aliquid est, isti pro indignitate sua nichil ilico fiat et tantae maiestatis eminentiam miseri homuntionis malignitas repente destituat. Ille quippe qui, in presenti agens, non minus Iudae suisque persecutoribus quam MARIAE suisque complicibus se tractabilem prebuit, qui etiam retro abituros ad suum discipulatum dignanter ascivit, qui etiam nunc patri corregnans solem suum bonis eque ut malis impertit, qui etiam iuxta Danihelis librum sicut fidelibus, sic perfidis angelicam custodiam delegavit, quod in Michahele Hebreorum principe, cui Grecorum princeps obnitebatur, ostendit, nunquam credendum est quod in hoc tempore quenquam a suis sacramentis excipiat, presertim cum tempus miserendi sit quo neminem a sua largitione sequestrat. Quodsi extorres eos a dono isto nunc faceret, in iudicio quid ab eis exigeret, quibus nichil super hac gratia

une habitation si honteuse. De même que le baptême est saint et qu'il sanctifie les hommes de bonne volonté, il ne produit rien d'autre que de l'eau ordinaire pour les hommes de mauvaise volonté, en dehors du crime de leur tromperie. Je dis ces choses en raison de ma compréhension et selon ma foi, avec Dieu pour témoin. Si quelqu'un pense autrement, qu'il veille à rester de bon sens.

Contre ces objections dites avec peu de mesure, je répondrai par un raisonnement plus bref, car plus modéré.

Il est tout à fait vrai que l'eucharistie est l'aliment proprement dit de la vraie foi [1]. Cependant, nous nous opposons non seulement par l'autorité, mais aussi, si elle vient à manquer, pour plusieurs raisons, contre le fait de dire que pour les indignes non seulement la chose du sacrement mais aussi le sacrement même n'existe pas. Il est tout à fait incohérent que de si grands mystères soient inconsistants et alternés, au point que ce qui s'offre à Pierre, à la fois comme sacrement et comme chose du sacrement, n'est ni l'un ni l'autre, au même moment, pour Judas ; de la même façon que l'eau du baptême qui, après l'accomplissement du sacrement, est mélangée aux liquides souterrains et ne se distingue pas des eaux ordinaires. Cette eau ne semble en rien plus importante, pourtant elle représente quelque chose pour l'un, en raison de sa dignité, et elle ne serait immédiatement rien pour un autre, en raison de son indignité. Et la perfidie d'un homme misérable supprimerait immédiatement la supériorité d'une si grande majesté. Jésus, qui agit dans le temps présent, permit que Judas et ses persécuteurs le touchent autant que Marie et ses compagnons. Il reçut avec bonté ceux qui revenaient à leur condition de disciple [2]. Régnant maintenant avec son père, il accorde son soleil de la même manière aux bons et aux méchants [3] ; il envoya, d'après le livre de Daniel, une garde angélique aux fidèles comme aux perfides, ce qu'il montra lors du combat de Michel, prince des Hébreux, contre qui le prince des Grecs s'opposait [4]. Il ne faut jamais croire qu'à ce moment, il a exclu quelqu'un de ses sacrements, d'autant qu'au temps d'avoir pitié [5], il n'écarte personne de sa largesse. Et s'il les bannissait de ce don, qu'exigerait-il, lors du jugement, de ceux auxquels il

1. La partie de texte allant de la première objection jusqu'à ce point a été rajoutée dans une deuxième phase d'écriture. Il semble que Guibert de Nogent ait lu la première rédaction de son texte à quelques personnes, qui ont condamné sa théorie du récipiendaire infidèle. Il a ensuite inséré un long développement expliquant plus longuement ses points de vue. J. Rubenstein, *op. cit.*, p. 158.

2. Jn 6, 67.

3. Mtt, 5, 45.

4. Daniel 9, 21 et 10, 13-21.

5. Ps. 101, 14.

in presenti commisisset ? Etsi apud improbos sententia ista constaret, quod scilicet improbitas eorum sacramenta subverteret, frustra mens eorum de **127** sua feditate metueret, quae corpus domini pro sua nequitia ad priorem substantiam redire sentiret. Verbi gratia, ecce nescio, fragilitatis meae conscius, utrum odio an amore sim dignus cum ad sacramenta illa accessero : quid spei, quid fructus inde me relaturum credere potero, si propter peccata mea tantam rem adnullari desperata mente cognovero ? Et quis in carne positus aliquotiens non de sua electione diffidat ? Quotiens ergo miseria michi meae humanitatis ingruerit, accedenti ad dominicam mensam corpus domini nec sacramentum nec res sacramenti michi erit ? Consideret itaque sapiens quantae inconvenientiae ex hac opinione generentur et firmissime sine prava ulla interpretatione sentiat quia qui manducat, iuxta apostolum, corpus idem indigne, iudicium sibi pro certo manducat.

Remotis igitur pessimis et quae infiniti erroris causa sunt indaginibus, hoc solum cogitetur quod sacramentum et res sacramenti dignis, sine re autem sacramenti simplex sacramentum constet indignis. Qualiter autem versetur in indignorum animis atque corporibus ipse solus novit, cuius substantia, quocunque dispertiatur, quicquid inde contingat, nec perire nec uspiam obsolescere possit.

Cui illud parabolicum Salomonis non inconcinne coaptatur : *sortes,* inquit, *mittuntur in sinum, sed a domino temperantur.* Quae sortes nil melius quam soli deo cognitae intelliguntur huius muneris dispertitiones. Intra sinum ergo latent, quia clausae mutuo sub divinis misteriis se continent. Ex quo vigilanter ac pulchre a domino temperari dicuntur, quia multi sine re sacramenti haec suscipere estimantur qui, deo eorum correctionem providente, vitae exinde aeternae nutriuntur, dum aliud longe in dei sedet arbitrio quam hominum temeritas arbitratur, cum proba initia fine improbo demutantur aut bona initia termino ignobili decoquuntur. Temperat igitur superna pietas quae iudicare, immo preiudicare non metuit sibi ipsi incircunspecta severitas. Sortes itaque mittuntur in sinum,

n'a rien confié de cette grâce dans cette vie? Et si les gens mauvais maintenaient la pensée que leur malhonnêteté détruisait le sacrement, leur esprit n'aurait pas de raison de craindre la laideur de leur âme, qui suppose que le corps du Seigneur revienne à sa substance précédente devant leur fourberie. Par exemple, conscient de ma fragilité, j'ignore si je suis digne de la haine ou de l'amour [1] lorsque je m'approche de ces sacrements. Quel espoir, quel fruit pourrais-je croire qu'il m'en serait apporté, si, à cause de mes péchés, j'apprenais qu'une si grande chose est anéantie par mon esprit désespéré ? Et quel être fait de chair ne serait pas quelques fois méfiant quant à son élection ? Chaque fois que le malheur de ma condition humaine me frapperait, je me demanderais, en approchant de l'autel, si le corps du Christ sera le sacrement, ou la chose du sacrement? C'est pourquoi, l'homme sage doit considérer les incohérences que cette opinion engendre et, sans aucune mauvaise interprétation, il doit penser très fermement comme l'apôtre le dit : celui qui mange ce même corps indignement mange certainement son jugement [2].

Une fois ces opinions détestables repoussées, qui sont la cause d'erreurs illimitées, il faut seulement retenir que le sacrement et la chose du sacrement perdurent pour les personnes dignes et qu'il n'y a que le sacrement, sans la chose du sacrement, pour les personnes indignes. Lui seul connaît ce qui se trouve dans les âmes et dans les corps des gens indignes, lui dont la substance, où qu'elle soit dispersée et quoiqu'elle touche, ne peut périr ni s'affaiblir quelque part.

Cette parabole de Salomon convient bien pour illustrer cela : *on jette les sorts dans le pan de la robe, mais ils sont organisés par Dieu* [3]. Ces sorts, connus seulement par Dieu, sont compris comme les distributions de sa faveur. Ils se cachent dans le pan de la robe, car ils se maintiennent mutuellement sous les mystères divins. On dit qu'ils sont attentivement et joliment organisés par le Seigneur. On pense que ceux qui reçoivent ces choses sans la chose du sacrement sont nombreux, alors que Dieu a prévu leur rachat et ils sont en fait nourris pour la vie éternelle. Tandis que le hasard des hommes arbitre, Dieu en a décidé tout à fait autrement. Ainsi, d'honnêtes débuts sont changés en une fin malhonnête, ou de bons débuts sont réduits à un terme ignoble. La piété divine organise elle-même ce qu'une sévérité irréfléchie n'hésite pas à juger, ou plutôt, à juger préalablement. Les sorts sont jetés dans le pan de la robe pour cette raison,

1. Eccle. 9, 1.
2. I Cor. 11, 29.
3. Prov. 16, 33.

quia fingit singillatim corda hominum, sed intellectualiter, postquam intrabimus in sanctuarium dei, discerni faciet opera singulorum. Unde non modo diligentibus sed, quocunque etiamnunc detineantur in crimine,
128 dilecturis aliquando deum Spiritus sanctus in suis proventibus cooperatur ad bonum, etiam in suscipiendo huius eucharistiae donum.

Obiciat michi qui vult CIPRIANI quos michi opposuit contentiosus ille cineres et senis illius, de quo in Gestis Seniorum legitur, visiones, qui sacramento redeunte ad aram indignis ab angelo videbat prelibari carbones, quia super hoc mea nunquam vacillare poterit fides. Porro si de muribus aut bestiis agitur aut de eo quod casualiter uspiam consumi videtur, nos non aliter asseverare presumimus, nisi quod substantiam a deo speciei illi inditam adimi nulla ratione credamus. Scripserunt quidam falli oculos nostros super tanti quae videtur corruptione misterii et oculos Cleophae et MARIAE MAGDALENAE a domini noticia aliquantisper abstentos inferunt, quae argumenta nescio si michi et pluribus aliis unquam satis erunt. Hoc tamen scimus, quia ex ea parte, qua species est, huiusmodi quasi infortuniis subiacere putatur, ex ea vero, qua veritas est, suo principali quod paternae dexterae considet insertum nullo detrimento mutilatur. Ex his ergo accidentibus, quae apud infideles derogationi misteriorum nostrorum patent nec auctoritatibus defensari prevalent, hanc qui non desipiunt sententiam teneant, ut hoc residuum, quasi de hoc specialiter sit dictum, igni reservent, et eum a mortuis redivivum sic habeant, ut quicquid de eo est non alibi quam in glorificato eius corpore
129 sentiant nec magis horreant murium ventres quam scelerosorum, quae magis deum exacerbant, mentes, quia quocunque traiciatur, ad suum

car Dieu façonne un à un les cœurs des hommes [1]. Cependant, il reconnaîtra avec intelligence les œuvres de chacun lorsque nous entrerons dans son sanctuaire. Le Saint Esprit, par ses venues, coopère pour le bien de ceux qui aiment Dieu, mais aussi de ceux qui sont encore retenus dans la faute même en recevant le don de cette eucharistie et qui aimeront parfois Dieu.

Comme ma foi sur ce sujet ne vacillera jamais, celui qui le veut peut m'objecter l'histoire, qu'un chicaneur m'a exposée, dans les *Gesta Seniorum* de Cyprien [2] sur les cendres et les visions d'un vieillard. Celui-ci lorsque le sacrement est revenu vers l'autel, a vu des charbons placés par un ange sur les lèvres de personnes indignes. En outre, si on traite de souris, de bêtes ou d'absorption accidentelle, nous ne prétendons affirmer rien d'autre que nous croyons que la substance appliquée à l'espèce [eucharistique] par Dieu n'est en aucune façon enlevée. Certains auteurs ont écrit que nos yeux sont trompés sur ce qui semble être la corruption d'un si grand mystère. Ils avancent, à cet effet, que les yeux de Cléophas et de Marie-Madeleine n'ont pas pu, pendant un certain laps de temps, reconnaître le Seigneur [3]. J'ignore si ces arguments suffiront pour moi et pour plusieurs autres. Cependant, nous savons que la partie qui est l'espèce eucharistique est soumise aux malchances de ce genre, mais que l'autre partie, qui est la vérité et qui est son corps principal assis à la droite du Père, n'est mutilée par aucun dommage. Donc, en parlant de ces accidents qui donnent aux infidèles la possibilité de critiquer notre mystère et qui ne sont pas défendus par les autorités, que ceux qui n'ont pas perdu la tête maintiennent cette pensée, pour qu'ils préservent ce reste du feu – comme il est dit spécialement [4] – et qu'ils ressuscitent ainsi le Christ des morts. Qu'ils ne pensent pas que tout ce qui est de lui est ailleurs que dans un corps glorifié. Et qu'ils ne s'effrayent pas plus des ventres des souris

1. Ps. 32, 15.

2. R.B.C. Huygens, (Guibert de Nogent, *De sanctis et eorum pigneribus*, *op. cit.*, p. 128) n'a pas trouvé le passage chez Cyprien, mais il signale que Guibert emprunte le récit de ce miracle à Guitmond d'Aversa, *La « Verità » dell'eucharistia. De corporis et sanguinis Christi veritate,* éd. et trad. en italien par L. Orabona, Napoli, Roma, Benevento, Milano, Ed. Scientifiche Italiane, 1995, p. 282-284. Comme on peut le lire chez Guitmond, cette histoire était très connue et souvent utilisée comme argument de la part de ceux qui pensent que le corps du Christ se retire lorsqu'il est pris par un indigne. Guibert ne l'a probablement pas empruntée directement à Guitmond, mais il connaissait cette histoire qui circulait essentiellement de manière orale.

3. Cleophas : Luc 24, 18 ; Marie-Madeleine : Jn 20, 1-2 et 13. Ce passage est également emprunté à Guitmond d'Aversa (*ibid.*, p. 92), ainsi que le signale R.B.C. Huygens, (Guibert de Nogent, *De sanctis et eorum pigneribus*, *op. cit.*, p. 128).

4. Ex. 12, 10.

redeundo principium ab omni iniuria contutatur, nec hereticum dici debet siquis pro defensione tantae rei, ne locis vilibus deputetur, sententiam paulo liberius equo prebet.

At quoniam de conformitate huius quod in sacra mensa conficitur corporis ante libavimus, hoc diffinire debemus quod corpori illi omnino conveniat, quod iam apud patrem immortale incorruptibileque corregnat. In quo michi nullus obiciat quod cum idem deus et dominus misteria eadem traderet, dixerit : *hoc est corpus meum quod pro vobis tradetur* et *hic est sanguis qui pro vobis et pro multis effundetur,* quasi illud quod traderet iuxta statum quem habebat tunc temporis determinandum esse doceret ; sed hoc falsum aestimet, quia qui ex unitione deitatis semper fuit immortalis – mortem enim non suscepit ex debito sed adhibuit proposito – haec ipsa in statu tradidit incorrupto, quem statum ostendit in monte PETRO, IOHANNI et IACOBO.

Sed quia quendam de amicis meis apprime litteratum audivi plurimum ab hac exorbitare sententia, ut dicat corporis illius misterium, quod sacerdotis et populi fide, dei verbo precedente, in altari conficitur, carnis Christi passibilis et mortalis habere figuram, dignum michi videtur ut latiori paulo disquisitione tractemus et minus omnino, quam tantae eruditionis viro competeret, competenter et astute eum super re tanta sentire monstremus. Si enim quod superius breviter dixi circunspecte attenderet, longe alia de domini nostri Iesu passibilitate aut mortalitate dissereret. Proculdubio nanque si illud quod ab ipso Salvatore dicitur : *nemo tollit a me animam meam, sed ego pono eam,* debita subtilitate discuteret, nunquam adeo improvide domino notam passionis et mortis inureret. Plane ab homine animam *tolli* possibile constat, cui in patiendo
130 atque moriendo casualis experientia horis et momentis omnibus astat ; at vero is, de quo crebro retexitur quia nondum venerat hora eius, cui nimirum eventus horarum et horae eventuum immutabiliter subsunt, animam

que des esprits des scélérats, qui chagrinent plus Dieu, car où que le corps s'introduise, il se protège de tout dommage en revenant à son origine. Il ne doit pas être appelé hérétique celui qui présente sa pensée un peu plus librement pour la défense d'une si grande chose et pour que celle-ci ne soit pas assignée à de vils lieux.

Au sujet de la conformité de ce corps sacrifié sur la table sacrée avant que nous le mangions, nous devons définir ce que devient ce corps qui règne déjà immortel et incorruptible avec le Père. À cela, que personne ne m'objecte que le même Dieu et Seigneur, lorsqu'il transmettait ces mystères en disant : « ceci est mon corps remis pour vous » [1] et « ceci est le sang qui est répandu pour vous et pour la multitude » [2], enseignait que ce qu'il livrait devait être compris comme l'état qu'il avait à ce moment. Il est faux de penser cela, parce que celui qui fut toujours immortel par son union avec la divinité – en effet, il n'a pas reçu la mort par nécessité mais il l'a acceptée suite à une proposition – a transmis ces mystères dans un état incorruptible, état qu'il a montré sur le mont à Pierre, Jean et Jacques [3].

J'ai entendu un de mes amis très instruit s'écarter beaucoup de cette opinion, au point de dire que le mystère de ce corps, qui, après l'énonciation de la parole de Dieu, est sacrifié sur l'autel par la foi du prêtre et du peuple [4], a la figure de la chair passible et mortelle du Christ. Il me semble dès lors digne de traiter ce sujet par une recherche un peu plus large, mais bien moins qu'il ne convient à un homme d'une telle érudition, et de lui montrer comment penser convenablement et adroitement sur un sujet tellement important. S'il a été très attentif à ce que j'ai dit brièvement plus haut [5], il raisonnerait tout à fait autrement à propos de la passibilité et de la mortalité de notre Seigneur Jésus. Sans aucun doute, s'il discutait avec la précision adéquate de la parole du Sauveur : *personne ne m'enlève ma vie, mais je la donne moi-même* [6], il ne fixerait jamais à ce point inconsidérément une marque de souffrance et de mort sur le Seigneur. Evidemment, la vie peut être ôtée à un homme dans la souffrance et dans la mort. Cette expérience fortuite menace à toutes les heures et à tous les moments. Cependant, lui, dont il est souvent rapporté que son heure n'était pas encore venue [7], lui, pour qui l'achèvement du temps et le temps

1. I Cor. 11, 24.
2. Mtt. 26, 28 et Mc 14, 24.
3. Mtt. 17, 2.
4. *Cf.* l'*Ordo missae* : « *Orate, fratres, ut meum ac vestrum sacrificium acceptabile fiat apud Dem Patrem omnipotentem* ».
5. *Cf.* p. 7-8.
6. Jn 10, 18.
7. Jn 2, 4 ; 7, 30 et 8, 20.

ponit, quia per se sumptam et a se creatam quando vult et quomodo vult emittit : hominibus etenim extorquetur, ab eo autem, qui quicquid est a se est et in quo nichil fit nisi quod voluntarium est, sponte sumpta sponte resolvitur. Quae enim illi foret moriendi necessitas, quem in sua secunda nativitate sancti semper est Spiritus in concipientis utero comitata libertas ? Unde solvisse dicitur quae non rapuit qui penas peccatorum non a se commissorum solus inter mortuos liber luit. Si peccandi nobis per corruptionem naturae contracta necessitas moriendi nobis necessitatem consequenter indicit, is, qui neque originali, quia de Spiritu et Virgine sancta natus est, neque actuali, quam non addiderat, macula fuscatus est, qua lege peccati titillari potuit, qua quoque pena ad persolvendum naturae peccatricis debitum adactus est ? Ubi ergo originis atque actus culpa vacare dinoscitur, quas exactiones mors et passibilitas habere permittitur ? Si enim per peccatum mors nostrae humanitati inducitur, ubi peccatum non est mortis efficientia adnullari probatur, quia proculdubio sullatio causae effectus exinanitionem facere nullatenus dubitatur. In primi hominis primo statu, si peccati cuiuspiam non incessisset eventus, nullus profecto passionis aut mortis intervenire potuisset occursus nec accessisset in progeniei eius propagatione genitorum qualiscunque vetustas, ubi concupiscentialis inobedientiae nulla animum demoliretur atrocitas. Quid enim ibi novum, quid alacre, quid integrum, ubi rodit anxietas conscientiae mordacis affectum ? Si enim iuxta Salomonem *animus gaudens aetatem floridam facit* et is esse cognoscitur paradisus, quem ab initio dominus plantaverit, intellectualibus videlicet angelorum et hominum animis primo
131 inseverit, licet plerisque angelorum, sed omni naturae hominum perfunctoriae stationis loca, sed mox desitura, prebuerit, ut nimirum nullo modo de suae mentis ac corporis impassibilitate continua gratulari quis possit, quid de mente et corpore filii dei censendum est, ubi in identificatione personae non modo homo, sed et plenitudo divinitatis corporaliter insita est, cum etiam de puro homine, et qui sine peccato vivere non didicit, dicatur quia vita eius quasi quoddam regnum dei pax est etiam

de l'achèvement sont immuablement présents, il donne sa vie quand il veut et comme il veut, parce que la vie fut créée et ôtée par lui. En effet, la vie est arrachée aux hommes, elle est supprimée, prise volontairement par lui, qui est tout ce qu'il est par lui-même et pour qui rien n'est fait, sauf par sa volonté. Quelle nécessité aurait-il de mourir, lui que la liberté du Saint Esprit a accompagné, durant sa seconde naissance, dans le ventre de celle qui l'a conçu ? On dit qu'il a payé pour ce qu'il n'a pas pris [1], lui qui, seul et libre parmi les morts [2], a subi le châtiment de fautes qu'il n'a pas commises. Si la nécessité de pécher, que nous avons contractée par la corruption de notre nature, nous annonce en conséquence la nécessité de mourir, le Christ ne fut pas terni par une tache originelle (parce qu'il est né de l'Esprit et de la sainte Vierge) ni par une tache actuelle (il n'en a pas rajouté). Par quelle loi du péché [3] a-t-il pu être touché et par quel châtiment fut-il forcé de payer la dette d'une nature pécheresse ? Donc, lorsqu'on a compris qu'il est libre de la faute de l'origine et de la faute des actes, quels buts la mort et la passibilité lui permettent-ils ? Si, en effet, la mort est amenée sur notre humanité par le péché [4], l'action de la mort est anéantie là où il n'y a pas de péché, parce que, sans aucun doute, la suppression de la cause provoque l'annulation de l'effet. Si la conséquence du péché n'était pas intervenue dans la condition originelle du premier homme, assurément, aucune occasion de souffrance ou de mort n'aurait pu intervenir, et aucune vieillesse n'aurait atteint nos ancêtres dans la propagation de leur progéniture, puisqu'aucune atrocité de désobéissance due à la concupiscence n'aurait harcelé l'esprit. En effet, qu'y a-t-il de neuf, de vif ou d'intègre, là où l'anxiété d'une conscience mordante ronge l'état d'âme ? D'après Salomon, *un cœur joyeux rend l'âge florissant* [5]. On sait qu'il s'agit du paradis que le Seigneur a planté au début des temps [6], semé d'abord dans l'intellect des anges et des hommes. Mais, pour la plupart des anges et pour toute la nature humaine, il a fourni des lieux d'un état temporaire, qui seront bientôt abandonnés. Ainsi, personne ne peut se réjouir de l'impassibilité continue de son esprit et de son corps, puisqu'il est dit au sujet de l'homme pur, et de celui qui n'a pas appris à vivre sans péché [7], que sa vie est comme une sorte de royaume de Dieu – la paix est

1. Ps. 68, 5.
2. Ps. 87, 6.
3. Rom. 7, 23 et 8, 2.
4. Rom. 5, 12.
5. Prov. 17, 22.
6. Gen. 2, 8.
7. Prov. 20, 9 et Tob. 1, 10.

in presenti et gaudium in Spiritu sancto ? Primus, inquam, homo ante peccatum, si dicere audeam, passibilis et impassibilis, mortalis etiam et immortalis fuit, quia ad passiones et mortem per peccatum sua, sed non libero, abusus arbitrio labi potuit, et si intra veram se libertatem non peccando continere voluisset, impassibilis proculdubio perseverans mori nullatenus potuisset. Cui secundus homo, Iesus scilicet dominus, pene pari quodammodo forma successit, tanto impassibiliori natura quanta liberiore editus, immo ineffabiliore dei pariter et hominis genitura. Unde enim passibilis dici posset, cui omnimoda peccati in origine et actu remotio penam, quod est passio et mors, accedere nullatenus sineret ? Si impassibilis primus homo per peccati continentiam et immortalis esse valeret, dei filius unitam sibi nostrae fragilitatis substantiam multo impassibiliorem et, ut sic dixerim, immortaliorem reddere non deberet ? Sine concupiscentia ergo ex solo sancto Spiritu intra virginalem concretus uterum, naturaliter impassibilis et immortalis in mundo natus est. Ita inquam impassibilis et immortalis, ut, sicut ille primus per inobedientiam ad passiones et mortem se sponte demisit, ita et iste secundus ob restitutionem iusticiae ad dolores ferendos et mortem, quorum in nullo erat debitor, sese ultro deponeret : nisi enim is pro hominibus penas, quas non meruerat, lueret, eos, qui merebantur et suppliciis obnoxii erant, nullatenus liberaret. Passibilem ergo volo credas et mortalem ob hoc solum, quia pati
132 atque mori pro humana redemptione voluit, non quia aliquod naturae debitum in patiendo atque moriendo ex traduce primi parentis attraxerit. Passus est itaque et mortuus quia voluit, non quod ex Adam lege debuerit. Quam ergo similitudinem Christi passibilis et mortalis sacrificio dominici corporis et sanguinis irrogas, quem certis ex sui ipsius ore sententiis immortalem impassibilemque scire debueras ? *Nullus,* inquit, *ascendit in caelum nisi filius hominis qui est in caelo,* et alibi : *ego in patre et pater in me est* et multa horum similia antequam

dans le présent et la joie dans l'Esprit Saint [1]. Si donc, d'après Salomon, « un cœur joyeux rend l'âge fleurissant », que faut-il penser de l'esprit et du corps du Fils de Dieu, lorsque dans l'identification d'une personne résident corporellement non seulement l'homme mais aussi la plénitude divine [2] ? Le premier homme avant le péché fut, si j'ose dire, passible et impassible, et même mortel et immortel, parce que, par le péché, il a pu tomber dans les souffrances et la mort, abusé par son propre jugement qui n'était cependant pas indépendant. Et, s'il avait voulu se maintenir à l'intérieur de la vraie liberté en ne péchant pas, il aurait sans aucun doute continué à être impassible et n'aurait pas pu mourir. Le second homme, le Seigneur Jésus, a succédé sous une forme presque semblable, né d'une nature encore plus impassible et encore plus libre, ou plutôt, encore plus sous les traits d'une créature ineffablement Dieu autant qu'homme. Pour cela, en effet, peut-il être dit passible, lui, pour qui l'absence de tout péché dans l'origine et dans l'acte ne lui permettrait pas d'approcher la faute, et donc la souffrance et la mort ? Si le premier homme, en se retenant de pécher, avait été impassible et immortel, est-ce que le fils de Dieu n'aurait pas rendu la substance de notre fragilité, lorsqu'elle est unie à lui, bien plus impassible, ou pour ainsi dire, plus immortelle ? Naturellement, il est venu au monde impassible et immortel, conçu sans concupiscence par le seul Saint Esprit à l'intérieur du sein virginal. Comme le premier homme, impassible et immortel, amena sur lui les souffrances et la mort à cause d'une désobéissance, le second s'est résigné pour la restitution de la justice à endurer les souffrances et la mort dont il n'était pas débiteur. En effet, s'il n'avait pas subi pour les hommes un châtiment qu'il n'avait pas mérité, il n'aurait pas libéré ceux qui le méritaient et qui étaient soumis à la punition. Donc, je veux que tu croies qu'il est passible et immortel, uniquement car il voulut souffrir et mourir pour la rédemption de l'humanité et non parce qu'il a pris sur lui la dette de la nature en souffrant et en mourant à cause de la chute du premier homme. Il a souffert et il est mort car il l'a voulu et non parce que la loi d'Adam l'y obligeait [3]. Assimiles-tu le Christ passible et mortel au sacrifice du corps et du sang du Seigneur que tu devrais savoir immortel et impassible, d'après les paroles précises de sa propre bouche ? « Nul n'est monté dans le ciel si ce n'est le fils de l'homme qui est au ciel » [4] et ailleurs, « Je suis dans le Père et le Père est dans moi » [5]. Avant de quitter ce monde,

1. Rom. 14, 17.
2. Col. 2, 9.
3. 2 Reg. 7, 9.
4. Jn 3, 13.
5. Jn 14, 10.

ex hoc mundo transiret de sua cum patre consubstantialitate commendans. Si filius hominis in caelo est et ibi unum cum patre est – dicit enim alias : *ego,* inquit, *de supernis sum,* quod non est aliud quam si diceret : ego in spiritu principali, quod est pater, sum –, quam passibilitatem, quam quoque mortalitatem illi inferre conaris, qui, sicubi scripturarum passibilis et mortalis appellari invenitur, ob hoc proculdubio solum dicitur, quod pro voluntatis arbitrio morti se exposuit, non aliqua necessitate succubuit ? Non est igitur passibile et mortale in Christo quippiam quod vivificis illis sacramentis comparare debeas, dum, si fideli et non pervicaci intentione perpendas, nichil omnino nisi incorruptibile et immortale, nisi quod sponte mori voluit, in ipso reperias : aliud est enim quod ex libito et gratanter facimus, aliud quod angariati et quasi debitis urgentibus adimplere compellimur. Sed super hoc dictum sapienti sat sit.

Relatum quoque michi est a quibusdam eiusdem amici mei necessariis quod non modo consulendo vel cum familiaribus litteratis, ut assolet, conferendo, sed palam, in mediis videlicet frequentiis omnino ignavorum et rudium, disputando soleat dicere quod in confectione hostiae salutaris Iesus dominus cotidie crucifigatur in altari, quod nos catholicos et omnes pie sapientes tanta animadversione convenit execrari, quanta eundem dominum nostrum auctoritate oportet de summa impotentia vel aeterna miseria expiari. Quid enim de deo indignius est miserabiliusque sentire quam quod deus fiat miser aeternus pro nostra beatitudine ? Quid vero impotentius deo imputare poterimus quam quod cotidianis eius suppliciis
133 ad nostrae reparationis adminiculum indesinens egeamus ? Certe, si sic se in caelesti premio adeo felix, adeo gloriosum esset, quod non tam diuturmae calamitatis contemplatione in ipsius remunerationis Christo sponsore vilesceret. Et quis non mortem illam magnae inutilitatis argueret, quam non modo numerosis, sed ineffabiliter infinitis in dies vicibus repeti constaret ? Et quid, quod in singulis cotidie aecclesiis, quin etiam altaribus, plura sacrificia delibantur ? Ergo tot patibulis impotentissimus ille, si ita est, Salvator dicetur affigi, quot missas ubique altarium constiterit celebrari. Certe si nulla suppeterent Scripturarum suffragia, totam tamen hanc vecordiam ratio obrueret universa. Etsi enim

il a dit encore beaucoup de paroles semblables faisant valoir sa consubstantialité d'avec son Père. Si le fils de l'homme est dans le ciel, il y est en ne faisant qu'un avec le Père. Il dit, en effet, à un autre endroit : « Moi, je suis d'en haut » [1], ce qui est pareil que dire : je suis dans l'esprit principal, qui est le Père. Entreprends-tu de lui imposer cette passibilité et aussi cette mortalité ? Si on le trouve désigné dans les Ecritures comme passible et mortel, c'est sans doute dit parce qu'il s'est exposé à la mort par sa propre volonté et qu'il n'a pas succombé par nécessité. Il n'y a donc pas quelque chose de passible et de mortel dans le Christ que tu doives comparer à ces sacrements vivifiants. Aussi longtemps que tu réfléchis avec une intention fidèle et ouverte, tu ne trouveras en lui que ce qui est incorruptible et immortel et le fait qu'il a voulu mourir de lui-même. Ce que nous faisons librement et volontiers est une chose, ce que nous sommes contraints d'accomplir, forcés ou poussés par des dettes, en est une autre. Mais, il en a été dit assez sur ce sujet pour une personne avertie.

Il m'a aussi été rapporté par certains proches de mon même ami que, non seulement en consultant des personnes de son entourage instruites ou en discutant comme d'habitude avec elles, mais aussi ouvertement au milieu de gens tout à fait ignorants et incultes, il avait l'habitude de dire que le Seigneur Jésus était crucifié chaque jour sur l'autel lors de la consommation de l'hostie salutaire. Il convient que nous catholiques, et tous les hommes pieusement sages, maudissions cela avec autant de blâme que d'autorité; il faut que Notre Seigneur soit épargné d'une grande faiblesse ou d'une misère éternelle. Qu'y a-t-il, en effet, de plus indigne ou de plus misérable que de penser que Dieu est éternellement malheureux pour notre bonheur ? Que pourrions imputer de plus faible à Dieu que d'avoir besoin quotidiennement de ses supplices pour l'appui ininterrompu de notre rachat ? Certes, s'il en était ainsi, à savoir que la cruauté d'une crucifixion quotidienne tuât l'auteur de vie, il n'y aurait rien dans le don céleste de tellement bienfaisant, de tellement glorieux, qui ne serait autant diminué par la contemplation de la souffrance durable dans le Christ, garant de cette récompense. Et, qui ne prouverait pas que cette mort, répétée ineffablement jour après jour par un grand nombre de personnes, serait d'une grande inutilité ? Et, que penser du fait que plusieurs sacrifices sont offerts chaque jour dans chaque église, voire sur chaque autel ? Donc, si c'est ainsi, cela reviendrait à dire que le Sauveur, tout à fait impuissant, est attaché sur autant de gibets qu'il y a de messes célébrées partout où se dresse un autel. Certainement, sans le secours des Ecritures, la raison

1. Jn 8, 23.

ipse aecclesiasticae institutionis actus, qui fit inter sacrificandum, similitudinem dominicae passionis innuere non dubitetur et in domini nostri fieri commemoratione credatur, nefas tamen est ut ob hoc ipsum quotienscunque fit crucifigi dicatur. Quanvis nanque significantia quaelibet significatis aliquotiens preponantur, non tamen eadem sunt quae umbratice prenunciant et quae veraciter subsequuntur. Verbi gratia, in baptismate trina mersio triduanam domini significat sepulturam, nec tamen dicimus quod quotienscunque alicubi baptizatur, totiens ubilibet Christus sepeliatur. Licet plane hostia illa memoriam nostram cotidianis accessibus in sui refricet veritate, nichil tamen iteratae iniuriae deo infert, nunquam deinceps morituro, pro passionis imagine: *Christus* sane *resurgens ex mortuis iam non moritur, mors illi ultra non dominabitur: quod enim mortuus est peccato, mortuus est semel, quod autem vivit, vivit deo.* Quodsi « resurgens non moritur » et tamen omni die per omnes aras iuxta tuam sententiam crucifigitur, illud apostolicum « semel » scire velim quo modo a tua prudentia intelligitur, quo peccatum, id est hostia pro peccato factus, mori dicitur. Et quomodo « deo vivit » qui milies repetitis ubique terrarum appensionibus sic vexatur ? Si iuxta PETRUM apostolum in haec ipsa verba tractantem *Christus semel pro peccatis nostris mortuus est ut nos deo offerat,* qui tot penarum casibus addictus est, ad deum offerendo quomodo quenquam levat ? Si semel moritur et saluti aeternae ex eo nos reparat, dignum est utique et competens divinitati misterium quod
134 celebrat, si autem mortuus postquam resurrexerit perpetua sese, ut sic dixerim, crucum illatione carnificat, miser factus beatitudinem, quam non habet, nemini plane suppeditat. *Non enim,* ait apostolus, *in manufactis sanctis Iesus introivit exemplaria verorum, sed in ipsum caelum, ut appareat nunc vultui dei pro nobis, neque ut sepe offerat semetipsum, quemadmodum pontifex intrat in sancta per singulos annos in sanguine alieno: alioquin oportebat eum frequenter pati ab origine mundi, nunc autem in consummatione seculorum ad destitutionem peccati per hostiam suam apparuit. Et quemadmodum statutum est hominibus*

universelle ensevelirait toute cette extravagance. Bien que le geste sacrificiel de l'institution ecclésiastique n'hésite pas à exposer une représentation de la passion du Seigneur et qu'il est perçu comme offert en commémoration de notre Seigneur, il est cependant faux de dire qu'il est crucifié à chaque fois que le sacrifice est effectué. De fait, quoique des choses signifiantes soient indiquées parfois par des signes, elles ne sont cependant pas les choses qu'elles signalent d'une manière cachée, comme l'exemple qui suit le montre. Dans le baptême, la triple immersion signifie les trois jours de sépulture du Seigneur. Cependant, nous ne disons pas que le Christ est enseveli chaque fois que quelqu'un est baptisé. Bien que l'hostie renouvelle dans la vérité sa mémoire, par une approche quotidienne, aucune injustice répétée n'est cependant infligée à Dieu, qui n'est jamais sur le point de mourir pour la représentation de sa souffrance. « Christ ressuscité des morts ne meurt maintenant plus, la mort n'a plus d'emprise sur lui : lui qui est mort, est mort au péché une seule fois, lui qui vit, vit pour Dieu »[1]. Mais si, « ressuscité, il ne meurt pas », et que cependant, d'après ton opinion, il est crucifié chaque jour sur tous les autels, je voudrais savoir comment ta sagesse comprend ce « une seule fois » de l'apôtre, là où le péché – c'est-à-dire celui qui a été fait victime sacrificielle en échange du péché – meurt. Et comment est-ce qu'il « vit pour Dieu », lui qui est ainsi maltraité par des crucifixions mille fois répétées partout sur la terre ? Si, d'après Pierre apôtre qui parle en ces termes : « Christ est mort une seule fois pour nos péchés afin de nous amener à Dieu »[2], comment celui qui est voué aux malheurs de tant de punitions peut-il réconforter quelqu'un en l'amenant à Dieu ? S'il est mort une seule fois pour nous racheter la vie éternelle, le mystère qu'il célèbre est absolument digne et convient à la divinité. Mais, s'il est mort après être ressuscité, il se tue par le port continuel de la croix, comme je le dirais, et devenu malheureux, il ne fournit à personne la béatitude qu'il n'a pas. L'apôtre dit : « En effet, Jésus n'est pas entré dans un sanctuaire fait de main d'homme, reproduction du vrai sanctuaire, mais il est entré dans le ciel même, afin de s'y présenter maintenant pour nous devant la face de Dieu. Et il n'y entre pas non plus pour s'offrir plusieurs fois lui-même, comme le grand-prêtre juif qui entre chaque année dans le lieu saint avec le sang qui n'est pas le sien : autrement, il aurait dû souffrir plusieurs fois depuis la création du monde. Mais il est apparu maintenant dans la fin des temps pour annuler le péché par son sacrifice. Et comme il est arrêté que les hommes meurent une seule fois, après quoi suit un jugement, de même,

1. Rom. 6, 9-10.
2. I Pierre 3, 18.

semel mori post hoc autem iudicium, sic et Christus semel oblatus est ad multorum exhaurienda peccata. Ecce vides ad lucidum, nisi tuae mentis cecuciens ex peccato reperiatur obtutus, quomodo tuis verbum apostolicum occentet erroribus. Sed rogitare te velim utrum novum veteri an vetus novo apud te preponderet testamento. Non ambigo quin dicas « novum ». Quodsi novum preminere existimas, quid auctoritatem mortis Christi per cotidianas eius crucifixiones intantum evacuas, ut multo magis autenticus pontificis in sancta quotannis ob sui raritatem videatur introitus quam indesinens omni die nostri Salvatoris interitus ? Si enim secundum Scripturas passionis eius primae efficax supplicium crederes, nunquam eius improperium, quod pro te, si sanum sapias, pertulit, in suspendia etiam seculo coeva distenderes.

Quod autem idem sacrificium cotidianis iterationibus frequentatur, non eius penaliter crucifixioni in dies repetendae refertur, sed quod diurna excessuum varietate malicia cotidiana tanti misterii representatione diluitur. Non enim eum, qui hoc semel opus explicuit, eadem semper resculpendo vexamus, sed fluidam memoriam ad eorum menti originem innovandam revocamus, quae sine ulla iterandi necessitate omnium saluti quondam acta comperimus.

Interrogandum etiam censeo ultrum corpus illud, quod semper, ut dicis, crucifigitur, idipsum sit quod de virgine natum constat et quod in cruce pependerit. Scio quod respondebis « idipsum ». Ergo si idipsum creditur et huic passibili et mortali, ut doces, conformari debere creditur
135 quod in altari conficitur, doceri velim utrum idem corpus sit an aliud, quod passibile et mortale a te traditur et illud, quod paternae iam dexterae impassibile et immortale consedisse dinoscitur. Si dicas idem non esse, certe duo corpora Iesu domino inducuntur : aliud enim erit quod passioni et morti constabit obnoxium, aliud plane quod ad incorruptionis iam pertigit firmamentum. Cum ergo sacri panis et calicis misterium corruptibilis fit carnis indiculum, in perversam dualitatem secernitur Salvatoris substantiae individuum. Porro si hoc te dicere pudeat et unum esse fateris corpus, passibile scilicet in altari et quod patri in gloria caelesti consideat, vide secundum prefatum apostolum ne Christum factum

le Christ fut offert une seule fois en sacrifice pour ôter les péchés de beaucoup »[1]. Voilà, tu vois clairement, à moins que tu ne retrouves ton regard aveuglé par le péché, comment la parole de l'apôtre se moque de tes erreurs. Mais je voudrais te demander si, pour toi, le Nouveau Testament est plus important que l'Ancien ou si l'Ancien l'est plus que le Nouveau. Je ne doute pas que tu diras le « Nouveau ». Si tu estimes que le Nouveau est plus important, pourquoi affaiblis-tu à ce point l'autorité de la mort du Christ par ses crucifixions quotidiennes, de sorte que l'entrée du grand-prêtre dans le sanctuaire semble bien plus authentique, en raison de sa rareté, que la mort ininterrompue chaque jour de Notre Seigneur ? Si, en effet, d'après les Écritures, tu croyais efficace le supplice de sa première passion, si tu avais une compréhension sensée, tu ne prolongerais pas cet affront, qu'il a supporté pour toi, en des crucifixions qui durent autant que le temps.

Ce sacrifice, qui est célébré quotidiennement, n'est pas considéré comme la crucifixion qui doit être réitérée jour après jour par punition. Cependant, la méchanceté quotidienne, par la variété continue des excès, est effacée par la représentation d'un si grand mystère. En effet, en reproduisant toujours les mêmes choses, nous ne le malmenons pas, lui qui a réalisé cette œuvre une fois pour toutes, mais nous rappelons à notre esprit le souvenir passager pour renouveler l'origine de ces choses, qui ont été faites, nous le savons, pour le salut de tous, sans qu'il soit nécessaire de les répéter.

Je pense qu'il faut aussi se demander si ce corps continuellement crucifié, comme tu le dis, est le même que le corps né de la Vierge et pendu sur la croix. Je sais que tu répondras « le même ». Donc, si l'on croit que c'est le même et si l'on croit que ce corps, sacrifié sur l'autel, doit être conforme au corps passible et mortel, comme tu l'enseignes, je voudrais savoir si c'est ce même corps ou un autre que tu considères passible et mortel et qui est connu comme étant assis impassible et immortel à la droite du Père. Si tu dis que ce n'est pas le même, deux corps sont introduits dans Jésus Notre Seigneur : l'un, à l'évidence, sera soumis à la souffrance et à la mort, l'autre, sera celui qui a atteint un degré d'incorruptibilité totale. Donc, quand le mystère du pain sacré et du calice est considéré comme un indice de la chair corruptible, la nature indivisible de la substance du Sauveur est divisée dans une dualité perverse. En outre, si tu as honte de dire cela et que tu reconnais qu'il n'y a qu'un seul corps, passible sur l'autel et assis à côté du Père dans la gloire céleste, prends garde, au vu des paroles

1. Hebr. 9, 24-28.

incorruptibilem atque immortalem iterum crucifigas et ostentui habeas, immo, quod veritati convenientius esse cognoscitur, teipsum universis de deo digna sentientibus ridiculum exhibeas.

Haec tibi, ut opinor, tractata sufficiunt, si animum correctioni admoveas ; si vero obdurari delegeris, haec forsitan non improbanda fidelibus ridebis ut fabulas. Desistant ergo quaerere dominicorum trutinatores statuum utrum hoc, quod inter nos fit, sacramentum conveniat passibili an impassibili Christo, mortuo an viventi. Aliter enim neutiquam intelligi debere perpendunt nisi ut in ea qualitate accipi debeat, in qua, cum corpus idem manducandum discipulis proponeret, erat. Si enim, inquiunt, in conviviis quae post resurrectionem cum eis exercuit haec ipsa mandasset et hoc corpus suum esse dixisset, nemo corpus aliud rite intellexisset, nisi quale tunc fuerat cum ista dixisset, immo inter cenandum dixisse recolitur non se de genimine vitis bibiturum, donec illud in regno sua cum eisdem bibere videretur, quod regnum non aliud quam passi iam corporis clarificatio est. Unde est : *Spiritus nondum fuerat datus, quia Iesus nondum erat clarificatus.* Qualis ergo tunc erat cum talia ediceret : *qui manducat carnem meam et bibit sanguinem meum, in me manet* et *qui manducat me, vivit propter me,* tale existimant ipsum quod vitalem ex altari esum prebet. Sed cassa de Iesu mortui similitudine questio est, quia qui mortuus est, in sua ipsius morte non aliud quam dei filius est. Qui enim ab origine mundi,
136 antequam temporaliter nasceretur, occisus dicitur et quae cum patribus acta sunt egisse legitur, sicut, ut ita loquar, antequam esset fuit, ita mortuus semper idipsum quod vivus fuit, unde nil inter viventem ac mortuum discerni debuit. Ipse apud Iudam apostolum secundo populum de Egipto eduxit, et Paulus Christum in deserto ab Israhelitis temptatum dicit ; misteria autem eadem per omnimodam divinitatis affluentiam vivificari, sin alias, saltem sacrativus ipse canon evidenter ostendit : *sanctificas,*

de l'apôtre cité précédemment, de ne pas à nouveau crucifier le Christ[1], rendu incorruptible et immortel, de ne pas railler ce qui est connu être conforme à la vérité et de ne pas paraître ridicule devant ceux qui ont des pensées dignes au sujet de Dieu.

Cet exposé te suffit, je pense, si tu t'appliques à corriger ton esprit. Mais si tu choisis d'être têtu, tu riras peut-être comme à des contes de ces choses qui doivent être approuvées par les personnes fidèles. Que ceux qui jugent de la condition du Seigneur renoncent à chercher si ce qui est pour nous un sacrement correspond à un Christ passible ou impassible, mort ou vivant.

Ils considèrent, en effet, qu'il correspond à l'état qu'il avait lorsqu'il a présenté aux disciples son corps pour être mangé. Ils disent que si, dans les repas qu'il a pris avec eux après la résurrection, il avait énoncé ces commandements et avait dit que c'était son corps, personne n'aurait à juste titre compris qu'il parlait d'un autre corps que celui qu'il avait au moment où il prononçait ces paroles. Il est même rappelé qu'il a dit durant la Cène qu'il ne boira pas du fruit de la vigne jusqu'au moment où il en boira dans son royaume avec ses disciples[2], ce royaume qui n'est rien d'autre que la glorification du corps qui a déjà souffert. D'où: « L'Esprit n'était pas encore donné, car Jésus n'était pas encore glorifié »[3]. C'était ainsi lorsqu'il énonça ces paroles : « Celui qui mange ma chair et boit mon sang reste en moi »[4] et « Celui qui me mange, vit par moi »[5], et ils croient qu'il est ainsi, car il offre la nourriture vitale depuis l'autel. Mais la question sur la ressemblance de Jésus mort est vaine, car celui qui est mort n'est rien d'autre, dans sa propre mort, que le fils de Dieu. En effet, celui qui est dit tué depuis le début du monde, avant de naître temporellement, et celui qui a fait des actions avec ses ancêtres[6], comme on le lit, fut, pour parler ainsi, avant d'être né, de sorte que même mort, il fut toujours le même que vivant. À partir de là, il ne faut pas faire de distinction entre vivant et mort. Dieu même, d'après l'apôtre Jude, fit sortir le peuple d'Egypte pour la deuxième fois[7] et Paul dit que le Christ a été mis à l'épreuve par les Israélites dans le désert[8]. Mais ces mêmes mystères sont vivifiés par l'abondance universelle de la Divinité, et le saint Canon lui-même le montre clairement :

1. Hebr. 6, 6.
2. Mc 14, 25.
3. Jn 7, 39.
4. Jn 6, 57.
5. Jn 6, 58.
6. Apoc. 13, 8 ; Ezéch. 20, 36 ; 1 Cor. 10, 1-4.
7. Jude 5.
8. I Cor. 10, 9.

inquit, *vivificas, benedicis et prestas nobis,* per quem omnipotenter efficacia reddit.

Haec itaque seponamus et ea quae de dente et umbilico Salvatoris omissa fuerant repetamus. In quo primum illud est attendendum, quod sicut de sancto Spiritu dicitur : *expedit,* inquit, *vobis ut ego vadam : si enim non abiero, Paraclitus non veniet,* ita qui huiuscemodi reliquias sibi arrogant verba, ut michi videtur, veritatis infirmant. Quid est enim « si non abiero » ? Plane « nisi presentiam corporalem subtraxero » : Paraclitus ergo non venit nisi ista subtrahitur, quia nisi quicquid corporeum ipsius est a memoria abrogetur, ad contemplandi animus fidem nullatenus sullevatur. Superius dictum est quod ad exercitationem fidei nostrae a principali corpore ad misticum dominus noster nos voluit traducere et exinde quasi quibusdam gradibus ad divinae subtilitatis intelligentiam erudire. Quasi ergo de extrinsecae visionis crassitudine ad imaginationis tenuiorem contuitum acsi de cannabo subduxit ad linum, dum de specie sua corporali ad agnitionem huius misterii nos promovit, ut de tractabili carnulentia resipiscentibus alterum quiddam pollicens, immo continens, species effingeretur altera. Dum enim rudis et formarum allegoricarum inscius quispiam duo illa materialia, panem ac vinum scilicet, in altari proposita contemplatur et in iis corpus Iesu ac sanguinem sentire docetur, ad quantam putamus summam divinae curialitatis educitur ? Quodsi hoc tam
137 operosum fieri mandavit deus, sic tamen, ut primi parte corporis non careret mundus, ergo tria corpora habet deus. Erit itaque primo conceptum corpus ex Virgine, secundo illud quod sub figura agitur in pane et calice, tertio quod impassibile, immo glorificatum iam assidet paternae dexterae. Cui sententiae si velit quilibet refragari, dicens idem esse de Virgine natum crucique appensum et illum incorruptibile in paterna provectum, fallitur, quia, etsi eadem existit personae proprietas, longe dissimilis tamen in qualitatibus naturarum invenitur essentia : glorificato etenim nulla deinceps mortis poterit passionisve dominari potentia. Sed hunc libellum

« tu nous sanctifies, tu nous vivifies, tu nous bénis et tu nous protèges »[1]. Par cela, l'efficacité le rend omnipotent.

Laissons donc ces choses de côté pour revenir à celles qui furent omises au sujet de la dent et du cordon ombilical du Sauveur. Pour cela, il faut d'abord faire attention à ce qui est dit au sujet du Saint Esprit : « Il est utile que je m'en aille : car si je ne pars pas, le Paraclet ne viendra pas »[2]. Ceux qui s'approprient des reliques de ce genre réfutent, il me semble, les paroles de la vérité. Que signifie « si je ne pars pas » ? Clairement, « si je ne retire pas ma présence corporelle ». Donc, le Paraclet ne vient pas si cette présence n'est pas retirée, comme si l'esprit ne pouvait être élevé vers la contemplation par la foi, tant que tout ce qui est corporel n'est pas supprimé de notre mémoire. Il a été dit plus haut que le Seigneur avait voulu nous conduire de son corps principal à son corps mystique pour l'exercice de notre foi et pour ensuite nous enseigner, comme si c'était par plusieurs étapes, la compréhension de la subtilité divine. Donc, en quelque sorte, il nous a amené de la lourdeur de la vision extérieure vers le regard plus fin de la vision intérieure, comme lorsqu'on confectionne un habit de lin à partir du chanvre. Tandis qu'il nous amène de son aspect corporel à la connaissance de ce mystère, il promet et maintient aux personnes, qui ont la saveur de cette chair palpable, une autre représentation de son corps. En effet, quand une personne inculte et ignorante des représentations allégoriques regarde les deux matières placées sur l'autel, à savoir le pain et le vin, et apprend qu'il faut voir en elles le corps et le sang de Jésus, à quel sommet de contemplation pensons-nous qu'elle est élevée ? Si donc, Dieu a ordonné qu'une chose si difficile soit faite pour qu'une partie de ce premier corps ne manque pas au monde, Dieu a donc trois corps. Premièrement, il y aura le corps conçu de la Vierge ; deuxièmement, celui qui existe d'une manière figurée dans le pain et le calice ; troisièmement celui qui, impassible et glorifié, est assis maintenant à la droite du Père. Si quelqu'un veut s'opposer à cette opinion, en disant que la même personne est née de la Vierge, fut pendue sur la croix et fut transportée incorruptible vers les hauteurs paternelles, il est dans l'erreur. Même si une propriété identique existe pour la personne, l'essence est complètement différente dans les qualités des natures : et vraiment, pour un corps glorifié, aucun pouvoir de souffrance ou de mort ne pourra ensuite dominer. Mais maintenant, terminant convenablement ce livre, nous allons entreprendre

1. *Canon missae* 13.
2. Jn 16, 7.

congruenti iam termina succludentes, aliud initium adoriamur et haec ipsa, quae in presentiarum omittimus, et alia, quae deo inspirante nos adiecturos credimus, resumentes, contra eorum non reliquias sed blasphemias accingamur.

un autre début en reprenant ces mêmes sujets, que nous avons laissés de côté pour le moment, ainsi que d'autres, qu'il faut à notre avis ajouter, et nous serons préparés, avec l'inspiration de Dieu, à attaquer non les reliques, mais les blasphèmes.

TROISIÈME PARTIE

LA DOCTRINE DE L'EUCHARISTIE

CHAPITRE PREMIER

LA CONTROVERSE DU XIe SIÈCLE LES DISCUSSIONS SUR L'EUCHARISTIE AVANT GUIBERT DE NOGENT

La conception de l'eucharistie de Guibert de Nogent fait écho à la fameuse controverse du XIe siècle qui oppose en particulier Bérenger de Tours et Lanfranc de Cantorbéry. Bérenger est né à Tours vers l'an 1000. Après avoir étudié auprès de Fulbert de Chartres, il devint écolâtre de Tours, puis archidiacre d'Angers. Lanfranc, quant à lui, est né à Pavie vers 1010 et étudie en Italie du Nord. De 1045 à 1063, il occupe la position de prieur à l'abbaye du Bec en Normandie, puis devient abbé de Saint-Etienne de Caen avant de rejoindre Cantorbéry en tant qu'archevêque. Bien que la controverse entre ces deux protagonistes fit l'objet de nombreuses études [1], nous pensons qu'il est nécessaire d'en résumer ici les différents enjeux, pour ensuite pouvoir mettre les opinions de Guibert de Nogent en

1. Parmi l'abondante littérature sur cette controverse, nous retenons principalement les ouvrages suivants : J. de Montclos, « Lanfranc et Bérenger : les origines de la doctrine de la Transsubstantiation », dans G. d'Onofrio (éd.), *Lanfranc di Pavia e l'Europa del secolo XI : nel IX centenario della morte (1089-1989). Atti del Convegno internazionale di studi (Pavia, Almo Collegio Borromeo, 21-24 settembre 1989)*, Roma, Herder, 1993, p. 297-326, qui offre un très bon aperçu des faits historiques et de la doctrine des deux acteurs principaux. Pour une étude détaillée et très complète, voir du même auteur, *Lanfranc et Bérenger. La controverse eucharistique du XIe siècle*, Louvain, Spicilegium sacrum Lovaniense, 1971. Voir également R.W. Southern, « Lanfranc of Bec and Berangar of Tours », dans *Studies in mediaeval history presented to Frederick Maurice Powicke*, Oxford, Clarendon, 1969, p. 27-48 ; R. Somerville, « The case against Berengar of Tours – A new text », *Studii Gregoriani*, 9, 1972, p. 55-75 ; E.-C. Sheedy, *The eucharistic controversy of the eleventh century against the background of pre-scholastic theology*, New-York, AMS Press, 1980 ; K. Flash, *Introduction à la philosophie médiévale*, trad. de l'allemand par J. de Bourgknecht, Paris, Flammarion, 1992, p. 43-56 ; M. Rubin, *Corpus Christi. The Eucharist in Late Medieval Culture*, Cambridge, New York, Port Chester, Melbourne, Sydney, Cambridge University Press, 1991, p. 15-25 et finalement I. Rosier-Catach, *op. cit.*, en part. ch. 1, p. 35-98.

perspective avec ce qui le précéda et ainsi mieux comprendre dans quelle ligne de pensée il s'inscrit. Notre auteur écrit son *De pigneribus* environ quarante ans après le concile de Rome de 1079 qui met un terme à la controverse elle-même. Cependant, les remous occasionnés par Bérenger resteront longtemps dans les esprits et plusieurs auteurs continuent de rédiger des traités eucharistiques afin d'affermir la doctrine officielle et d'enrayer les réactions opposantes. Encore au début du XIIe siècle, la doctrine de Bérenger resurgit de manière forte chez certains de ses partisans, ainsi que nous l'apprend Grégoire de Bergame[1]. Nous ne prétendons nullement rentrer au cœur du tissu complexe de la querelle, ni mentionner tous les acteurs du débat, mais nous souhaitons présenter sommairement les discussions qui eurent lieu afin de mettre en contexte la doctrine de Guibert et mieux la comprendre. En outre, Bérenger et Lanfranc s'appuyant respectivement sur Ratramne de Corbie (~800-~868) et Paschase Radbert (~790-859), nous remontrons, lorsque nécessaire, à ce qui fut appelé la « controverse du IXe siècle ». Par commodité, nous regroupons les deux opinions adverses sous le terme de « spiritualistes », à savoir la lignée de Ratramne et Bérenger qui considèrent la présence *in figura* du Christ dans l'eucharistie et qui suivent plus particulièrement la conception d'Augustin, et de « réalistes », c'est-à-dire leurs opposants, plus proches de la pensée d'Ambroise[2], qui prônent la présence *in veritate*. Puis, nous évoquerons l'école d'Anselme de Laon qui, comme nous le verrons, influença considérablement Guibert de Nogent.

1. « *Loquor autem de novis huius temporis berengarianis, qui haeresim Berengarii ab ecclesia catholica iamdudum convictam atque damnatam resuscitare conantes, de sacramento altaris omnem veritatem penitus auferre et in significationem tantum redemptoris corpus et sanguinem geri dogmaticare praesumunt* » (« Je parle des nouveaux bérengariens de cette époque, qui entreprennent de ressusciter l'hérésie de Bérenger depuis longtemps condamnée et vaincue par l'église catholique. Ils ont l'audace d'enlever entièrement toute la vérité du sacrement de l'autel et d'établir une doctrine sur le corps et le sang du Rédempteur en tant que signe »), cité par J. Geiselmann, « Die Stellung... », *op. cit.*, p. 70.

2. Nous ne revenons pas sur les discussions parmi les théologiens du XXe siècle au sujet de cette nomenclature. Nous l'adoptons par souci de clarté tout en précisant qu'au IXe comme au XIe siècle, quelle que soit la manière d'envisager la présence du Christ dans l'eucharistie, elle n'est jamais conçue comme totalement dépourvue de réalité.

RÉSUMÉ DES FAITS HISTORIQUES DE LA CONTROVERSE DU XIe SIÈCLE

En 1048, Bérenger découvre un traité sur l'eucharistie qu'il attribue à Jean Scot Erigène (~ 800/810-~870), mais dont l'auteur est en réalité Ratramne de Corbie. Il pense y trouver la justification d'une conception de l'eucharistie autre que celle enseignée par l'Église. Ses idées sont condamnées une première fois en 1050 par le concile de Rome et Bérenger, malgré son absence, est excommunié. Il est convoqué la même année au concile de Verceil, présidé par Léon XI, pour se justifier. Mais, il ne vient pas et la sentence contre lui est réitérée. Le traité du IXe siècle est lu, taxé d'hérétique et brûlé. Le synode met en cause les termes *figura*, *signum*, *pignus* et *similitudo* utilisés par l'auteur. En 1059, le concile de Rome, présidé par Nicolas II, fait lire à Bérenger une profession de foi rédigée par le cardinal Humbert. Or, Bérenger rejette par la suite cette profession en rédigeant un pamphlet contre le concile, intitulé par Jean de Monclos *Scriptum contra Synodum*[1]. Lanfranc, l'opposant le plus virulent à Bérenger, mit presque malgré lui au cœur de la controverse[2], riposte au contenu de cet écrit à travers le *De corpore et sanguine domini*, entre 1062 et 1070. À Ratramne, sur lequel se base Bérenger, il oppose Paschase Radbert. Bérenger répond à ce texte par ce qui fut longtemps appelé le *De sacra coena*, d'après le titre ajouté au XVIe siècle sur l'unique manuscrit conservé[3], mais que Robert Burchard Constantijn Huygens, suivant l'avis de Jean de Montclos, choisit de nommer *Rescriptum contra Lanfrannum*, dans son édition du texte[4]. Puisqu'on n'en trouve pas de trace parmi les contemporains, il se peut que Bérenger préféra ne pas le diffuser[5]. Nous trouvons surtout ses opinions émises dans le *Scriptum contra Synodum*, disparu, mais que Lanfranc énonce dans son traité avant de les réfuter[6]. Il nous reste également quelques lettres de cet auteur. Le concile de Rome de 1079, présidé par Grégoire VII, met un terme au débat en faisant à nouveau lire une profession de foi à Bérenger. Dès ce moment, ce dernier se retirera

1. J. de Montclos, *Lanfranc...*, *op. cit.*, p. 3.

2. En 1049, Bérenger, mis au courant de l'opposition de Lanfranc, écrit à ce dernier une lettre pour solliciter un débat sur la question eucharistique. La missive arrivera malencontreusement à Rome, impliquant ainsi directement Lanfranc dans la controverse.

3. R.B.C. Huygens, « À propos de Bérenger et son traité de l'Eucharistie », *Revue bénédictine*, t. LXXVI, nos 1-2, 1966, p. 133.

4. J. de Monclos, *Lanfranc...*, *op. cit.*, p. 199 ; Bérenger, *Rescriptum contra Lanfrannum*, (CCCM, LXXXIV), éd. R.B.C. Huygens, Turnhout, Brepols, 1987. Voir encore R.B.C. Huygens, « À propos de Bérenger... », *op. cit.*, p. 133-139.

5. *Ibid.*, p.134.

6. Lanfranc, *op. cit.*

à Saint-Cosme de Tours, jusqu'à sa mort en 1088. Durant ces neuf ans, il ne traitera plus des questions eucharistiques.

La doctrine de Bérenger

Bérenger conçoit la présence du Christ dans l'eucharistie comme un « signe », une « figure », une « apparence » ou encore un « gage du corps du Christ » [1]. Il prend appui sur Ratramne, chez lequel il trouve ces termes [2] et qui offre également une définition du terme *figura* : « la figure est un masque qui présente sous des voiles ce qu'il désigne » [3]. Nous constatons que dire que le Christ se trouve en *figure* dans les espèces eucharistiques affirme sa présence, mais d'une manière cachée et non directement accessible. Bérenger, en partant de Ratramne et de la définition augustinienne du sacrement, « *sacramentum, id est sacrum signum* », précisée par la définition du signe, « *signum est res, praeter speciem quam ingerit sensibus, ex se faciens aliud aliqui in cogitationem venire* » [4], conçoit donc l'eucharistie comme un « signe » du corps du Christ qui fait venir « en pensée » (*in cogitationem*) le signifié. La substance du pain et du vin ne disparaît pas pour faire place à la substance du corps du Christ.

1. Bérenger, *Purgatoria epistola contra Almannum*, dans J. de Montclos, *Lanfranc et Bérenger*, *op. cit.*, p. 532, l. 18-20 : « *Sacramentum autem ipsa, sicut sacramenta, ita etiam signa, figuram, similitudinem, pignusque appellari,* [...] ». *Id.*, *Rescriptum*, *op. cit.*, p. 44, l. 299-300 : « *[...] quae in altari consecrantur, esse figuram, signus, pignus corporis et sanguinis domini, [...]* ».

2. Ratramne, *op. cit.*, en particulier ch. 84-87, p. 55-56. Voir aussi l'étude du texte de R. Béraudy, *op. cit.* L'auteur est peu objectif, il tente de ranger Ratramne parmi les « ultra-réalistes ». Il n'en demeure pas moins qu'il présente la seule analyse détaillée du texte.

3. Ratramne, *op. cit.*, VII, p. 34 : « *Figura est obumbratio quaedam quibusdam velaminibus quod intendit ostendes* » (traduction de R. Béraudy, *op. cit.*, p. 76). Sur la notion de *figura* chez Ratramne, voir encore J. Geiselmann, *Die Eucharistielehre der Vorscholastik*, Paderborn, Ferdinand Schöningh, 1926, p. 182-184.

4. Bérenger, *Purgatoria...*, *op. cit.*, p. 532. Augustin, *La Cité de Dieu. VI-X*, intr. et notes par G. Bardy, trad. par G. Combes, « Bibliothèque augustinienne », t. 34, Paris, Desdée de Brouwer, 1959, X, 5, p. 440 : « *Sacrificium ergo visibile invisibilis sacrificii sacramentum, id est sacrum signum est* » (« Le sacrifice visible est donc le sacrement, c'est-à-dire le signe sacré du sacrifice invisible ») ; *id.*, *La doctrine chrétienne*, intr., trad., par M. Moreau, notes par I. Bochet et G. Madec, « Bibliothèque augustinienne », t. 11, 2, Paris, Institut d'études augustiniennes, 1997, II, I, 1, p. 36 : « *Signum est enim res praeter speciem, quam ingerit sensibus, aliud aliquid ex se faciens in cogitationem venire* [...] » (« Un signe, en effet, est une chose qui, outre l'impression qu'elle produit sur les sens, fait qu'à partir d'elle quelque chose d'autre vient à la pensée [...] ») (traduit par M. Moreau).

Il prouve son opinion au moyen d'arguments dialectiques, en particulier au travers de la parole de l'institution eucharistique « ceci est mon corps » [1]. Vider le sujet « ceci » de la réalité du pain rendrait l'affirmation incohérente. Par conséquent, il est impossible que le pain puisse disparaître au profit du corps. En se référant à saint Ambroise, il proclame que le pain et le vin, après la consécration, ne cessent pas d'être, mais ils sont transformés en quelque chose qu'ils n'étaient pas [2] : ils deviennent un sacrement par la consécration, ils sont en quelque sorte le corps du Christ et peuvent donc être appelés ainsi. Après cet argument d'ordre grammatical, Bérenger se sert de la logique. Si le pain est changé en vraie chair du corps né de la Vierge, il faut que le corps, désormais ressuscité, descende du ciel sur la terre où s'opérera la conversion, ou alors, que le pain monte au ciel. Or, ceci n'étant pas vérifié, il est indubitable que la vraie chair ne se trouve pas dans le pain [3]. Par ailleurs, la manducation des fidèles ne peut être que spirituelle et non réelle. En effet, il est inconcevable pour Bérenger d'imaginer que les fidèles mâchent le vrai corps historique du Christ, ainsi que la doctrine de l'Église l'affirme. La conversion ne se fait pas *sensualiter* mais *intellectualiter* et aboutit au corps et sang tout entier du Christ, et non à un morceau de chair, contrairement à ce que prétendent les

1. Bérenger, *Lettre à Ascelin,* dans R.B.C. Huygens (éd.), *Serta Mediaevelia : Textus varii saeculorum X-XIII. Tractatus et epistulae*, (CCCM, CLXXI), Turnhout, Brepols, 2000, p. 148 : « [...] *ipsa verba in consecrationem panis instituta non decedere sacramento materiam panis* [...] » (« [...] dans le sacrement, la matière du pain n'est pas détruite par les paroles instituées pour la consécration du pain »).

2. Lanfranc, *op. cit.*, col. 0419C : « *Per consecrationem altaris fiunt panis et vinum sacramentum religionis, non ut desinant esse quae erant, sed ut sint quae erant, et in aliud communtentur quod dicit beatus Ambrosius in libro De sacramentis* » (« Le pain et le vin deviennent par la consécration le sacrement de la religion, non qu'ils cessent d'être ce qu'ils étaient mais qu'ils sont ce qu'ils étaient et ils sont changés en quelque chose d'autre, comme le dit saint Ambroise dans le *De sacramentis* »). La doctrine Bérenger fut souvent qualifiée de « symbolisme ». Il s'agit d'être prudent avec ce terme. Il faut le comprendre comme plein de réalité, car « la notion de symbole inclut la réalité symbolisée », J. de Montclos, *Lanfranc...*, *op. cit.*, p. 49.

3. Lanfranc, *op. cit.*, col. 0439B-C : « *Si panis in veram Christi carnem convertitur ; aut panis sustollitur in coelum, ut illic in Christi carnem transferatur, aut caro Christi ad terram defertur, ut istic in eam panis commutetur. Atqui nec panis sustollitur, nec caro defertur. Non est igitur vera caro in quam panis convertitur* » (« Si le pain est changé en vraie chair du Christ, il faut soit que le pain soit enlevé au ciel où il sera changé en chair du Christ, soit que la chair du Christ soit amenée sur terre où elle sera transformée en pain. Et comme ni le pain n'est enlevé au ciel, ni la chair n'est amenée en bas, le pain n'est donc pas converti en vraie chair »).

« réalistes » [1]. Ainsi, pour que le Christ reste intact, seule une présence spirituelle dans l'eucharistie lui semble admissible.

Ratramne déjà, à la demande de Charles-le-Chauve, devait répondre dans son traité à deux questions. Est-ce que le corps reçu par les fidèles est présent *in mysterio* ou *in veritate* ? Il répond qu'il est présent *in mysterio*. Et est-ce que le corps dans le sacrement est celui né de la Vierge ? À cela, l'auteur répond qu'ils ne sont pas identiques [2], car s'ils l'étaient, ce serait rendre le corps du Christ corruptible [3] et donc contredire la parole biblique proclamant que le Christ ne meurt plus et se trouve dans un état d'impassibilité et d'incorruptibilité : « Il ne meurt maintenant plus, la mort n'a plus d'emprise sur lui » [4]. Le Christ est présent sur l'autel *in mysterio*, car sous les apparences des espèces se trouve une chair spirituelle, et non la chair de l'homme incarné et désormais glorifié [5]. Le fidèle prend chaque jour sprituellement le corps du Christ [6].

Bérenger avance les mêmes arguments que Ratramne, à savoir que s'il y a identité entre le corps historique et le corps eucharistique, cela suppose que le corps, maintenant glorifié au ciel, est rendu corruptible en étant brisé par les mains des officiants et mâché par les dents des fidèles. Or, ce corps se trouve à la droite du Père, incorruptible et immortel. De plus, les espèces eucharistiques sont soumises aux mêmes aléas que toute réalité matérielle, et par conséquent, il ne peut s'agir du corps du Christ, puisqu'il est intolérable de penser qu'il puisse être ainsi corrompu [7]. Le vrai corps est donc mangé spirituellement, il nourrit l'homme intérieur, sans être

1. Bérenger, *Purgatoria*..., *op. cit.*, p. 534, l. 76-80 : « [...] *panem et vinum mensae dominicae non sensualiter, sed intellectualiter [...], non in portiunculam carnis, contra scripturas, sed, secundum scripturas, in totum converti Christi corpus et sanguinem* » (« [...] le pain et le vin de la table du Seigneur ne sont pas changés substantiellement mais d'une manière qui concerne l'esprit [...], ils ne sont pas changés en morceau de chair, ce qui est contraire à la parole des Ecritures, mais en tout le corps et le sang du Christ, d'après les Ecritures »).

2. Ratramne, *op. cit.*, LXXII, p. 52 : « *Non igitur idem sunt* ». Sur l'identité ou non des deux corps, voir J. Geiselmann, *Die Eucharistielehre*..., *op. cit.*, ch. 3, § 1-3, p. 145-219.

3. Ratramne, *op. cit.*, LXXVII, p. 53.

4. *Ibid*, LXXVI, p. 53 ; Rom. 6, 9.

5. *Ibid.*, *op. cit.*, LXXII, p. 52.

6. *Ibid.*, LXXI, p. 52 : « [...] *quae cotidiae sumuntur a fidelibus spiritalia* [...] ».

7. Bérenger, *Purgatoria*..., *op. cit.*, p. 535, l. 92-95 : « [...] *et quia Christi caro, sicut superius dictum est, per tot jam annos perfecta constans immortalitate, nunc primo ad corruptionem panis minime potest esse incipere, nichil in altari de carne Christi sensualiter haberi omnino necessarium esse* » (« [...] et parce que la chair du Christ, comme il a été dit plus haut, se trouve déjà depuis tant d'années dans une immortalité parfaite, elle ne peut pas du tout commencer maintenant à être corrompue dans le pain, et il n'est pas nécessaire que se trouve sur l'autel la chair du Christ d'une manière *sensualiter* »).

corrompu ou souillé [1]. Il nous semble que l'enjeu des débats des IXe et XIe siècles se situe là, c'est-à-dire sur l'identité ou non entre le corps historique et le corps eucharistique [2]. Tous admettent la présence du corps du Christ, mais les discussions portent surtout sur la question de savoir comment le Christ est présent. En effet, si l'on s'oppose à l'identité des deux corps, cela suppose que le corps du Christ n'est pas présent en *vérité*, avec sa chair et son sang mâchés par les fidèles, mais qu'il est présent en *figure* ou en *signe*. Le fidèle prend alors le vrai corps, mais qui est donné à l'homme intérieur.

Bérenger distingue dans le sacrement deux parties ; l'une visible, que sont les espèces eucharistiques (*sacramentum*), et l'autre invisible, qui est le corps du Christ (*res sacramenti*). Cette distinction, qui s'appuie sur Augustin [3], sera reprise par les adversaires de Bérenger. Pour celui-ci, la chose du sacrement ne peut descendre sur terre, puisqu'elle se trouve au ciel avec le Père [4], tandis que pour Lanfranc, la chose du sacrement se trouve dans les espèces, bien qu'elle reste intacte au ciel. Chez ce dernier, comme chez les autres écrivains qui suivent sa doctrine, le sacrement désigne le pain et le vin derrière lesquels la chose du sacrement, c'est-à-dire le corps du Christ, est cachée [5]. Comme le mentionne Jean de

1. *Ibid.*, l. 44-47, p. 533 : « [...] *cum constet nichilominus verum Christi corpus in ipsa mensa proponi, sed spiritualiter interiori homini, verum in ea Christi corpus ab his dumtaxat qui Christi membra sunt incorruptum, inattaminatum inatritumque spiritualiter manducari* » (« Comme il est établi néanmoins que le vrai corps du Christ est présenté sur la table, mais spirituellement pour l'homme intérieur, que le vrai corps du Christ, non corrompu, non souillé et non usé, est mangé spirituellement par ceux qui sont les membres du Christ »).

2. R. Somerville (*op. cit.*, p. 57) est l'historien qui a le plus mis l'accent sur ce point.

3. Augustin, *Sermones de tempore*, CCLXXII (PL XXXVIII col. 1247) : « *Ista, fratres, ideo dicuntur sacramenta, quia in eis aliud videtur, aliud intelligitur. Quod videtur, speciem habet corporalem ; quod intelligitur, fructum habet spiritualem. Quia igitur aliud est corporale quod videtur, aliud spirituale quod intelligitur,* [...] » (« Frères, l'on dit que ce sont des sacrements, parce qu'on voit et on comprend autre chose en eux. Ce qui est vu possède une apparence corporelle ; ce qui est compris possède un fruit spirituel. Parce que donc ce qui est vu est corporel, ce qui est compris est spirituel, [...] »).

4. Lanfranc, *op. cit.*, col 0421A : « *Sacrificiumque Ecclesiae [...] duobus conficitur, visibili et invisibli, sacramento et re sacramenti ; quae tamen res, id est Christi corpus, si esset prae oculis, visibilis esset ; sed, elevata in coelum sedensque ad dexteram Patris usque in tempora restitutionis omnium* [...] » (« Le sacrifice de l'Église est fait de deux principes, l'un visible et l'autre invisible, le sacrement et la chose du sacrement. Cependant la chose du sacrement, c'est-à-dire le corps du Christ, si elle était devant les yeux, serait visible. Mais elle est élevée au ciel et siège à la droite du Père jusqu'aux temps de la restitution de chacun [...] »).

5. Alger (*op. cit.*, cols 0752C-0753A) cite Lanfranc, *op. cit.*, col. 0421B-C : « [...] *sacrificium scilicet Ecclesiae duobus confici, [...], visibili elementorum specie, et invisibili Domini Jesu Christ carne et sanguine, sacramento et re sacramenti ; quae res [...] est corpus Christi, sicut Christ persona [...] conficitur Deo et homine* [...] » (« [...] le sacrifice de

Montclos, il y a, pour Bérenger, une quasie équivalence entre la *res* et la *virtus* (les effets du sacrement)[1].

Corollairement à la question de l'identité des deux corps dans le sacrement se pose celle de l'immolation sacramentelle. Les « réalistes » voient dans l'eucharistie une immolation réelle du corps, mais qui ne met pas en cause l'intégrité physique du Christ au ciel. Au contraire, pour Ratramne, il est clair que cela ne peut se passer ainsi et que le sacrifice eucharistique est une représentation de la passion du Christ. Bérenger, suivant à nouveau son mentor, se réfère dans le *Scriptum contra Synodum* à Augustin pour montrer que le Christ fut sacrifié une seule fois : « Le Christ a été immolé une seule fois en lui-même et malgré tout il est immolé sacramentellement par les foules non seulement durant chaque solennité pascale, mais aussi chaque jour »[2].

Bérenger traite également de ce que reçoit le communiant selon les dispositions de son âme. Pour cela, il s'appuie à nouveau sur Augustin. Un communiant bien disposé reçoit le *sacramentum* et la *res sacramenti*, tandis qu'une personne indigne ne prend que le *sacramentum*, et cela, pour sa propre condamnation[3]. De la même manière, Bérenger soulève le problème de l'absorption de l'hostie par des animaux[4], qu'il utilise pour prouver que le corps du Christ ne peut être réellement présent dans l'espèce eucharistique. En effet, celle-ci est sujette à la digestion, au feu, à la putréfaction et des animaux peuvent la manger. Comment peut-on admettre que le corps du Christ subit tout cela ? Donc, le corps n'est pas présent[5]. Cette question entraînera de très nombreuses réactions, comme nous le verrons.

l'Église est constitué de deux choses [...], de l'espèce visible des éléments et de la chair et le sang invisibles du Seigneur Jésus Christ, du sacrement et de la chose du sacrement ; la chose est le corps du Christ, de même que la personne du Christ est constituée de Dieu et d'homme [...] »).

1. J. de Montclos, *Lanfranc..., op. cit.*, p. 138.

2. Lanfranc, *op. cit.*, col. 0425A-B : « *Beatus Augustinus in epistola ad Bonifacium : Semel immolatus est Christus in semetipso. Et tamen in sacramento non solum per omnes Paschae solemnitates sed et omni die populis immolatur* » (traduit par J. de Montclos, *Lanfranc..., op. cit.*, p. 413). *Cf.* Augustin, *Epistola XCVIII*, 9, (PL XXXIII col. 0364).

3. Bérenger, *Purgatoria..., op. cit.*, l. 49-52, p. 533 : « [...] *et utrumque a piis, visibiliter sacramentum, rem sacramenti invisibiliter, accipi, ab impiis autem tantum sacramenta commendant, nichilominus tamen sacramenta* ».

4. Bérenger semble être le premier à soulever cette question. Gary Macy le constate également et traite des questions théologiques découlant de ce problème dans son article sur le sujet. G. Macy, « Of Mice and Manna : Quid Mus Sumit as a Pastoral Question », *Recherches de théologie ancienne et médiévale*, no 58, 1991, p. 152-168.

5. Bérenger, *Rescriptum..., op. cit.*, l. 518-525, p. 204 : « *Pronominis enim vis ad hoc valet, quia, si per subiecti absumeretur corruptionem, ut non per subiectum superesset altaris*

En résumé, Bérenger, s'appuyant sur Ratramne, conçoit le sacrement eucharistique comme un signe du corps du Christ. Celui-ci ne peut être réellement présent dans les espèces. Pour le prouver, il utilise la dialectique, art qu'il utilise dans le domaine théologique. D'une part, la proposition « ceci est mon corps » prouve que la substance du pain demeure et, d'autre part, le corps ne peut être présent, car il serait corrompu par les mains des prêtres et la manducation des fidèles. Pour cette même raison, un communiant indigne ne peut recevoir le corps du Christ, car il est impossible que le Christ souffre d'une telle absorption. De plus, le sacrifice eucharistique n'est pas l'immolation réelle du Sauveur, mais il en est une commémoration. Sa doctrine est donc essentiellement fondée sur le fait que le corps du Christ, qui vécut sur terre, est désormais glorieux, incorruptible au ciel. Il ne peut, de fait, être présent dans les espèces eucharistiques et subir une immolation et une manducation.

Les auteurs anti-bérengariens mentionnent toujours des suiveurs de Bérenger. Cependant, d'autres textes adoptant cette doctrine ne nous sont pas parvenus. Ils étaient en tout cas plusieurs à penser comme lui, ou du moins à contester l'enseignement de l'Église sur certains points, comme la communion des personnes indignes ou la valeur des sacrements administrés par un prêtre indigne, sujet non traité par Bérenger et Lanfranc, mais sur lequel nous reviendrons.

L'OPPOSITION CONTRE BÉRENGER

Bérenger mit en danger la valeur du sacrement le plus important du christianisme. Pour cette raison, les réactions furent virulentes au sein de l'Église. Ses opposants combattirent farouchement ses opinions, et c'est pourquoi, dès la deuxième moitié du XIe siècle, les traités sur l'eucharistie abondent. La profession de foi que Bérenger dut lire lors du concile de Rome de 1059 contient l'essentiel de leurs positions. Il s'agissait de faire dire à l'hérétique que les espèces eucharistiques, après la consécration, ne sont pas qu'un sacrement (*non solum sacramentum*) mais qu'elles se transforment en vrai corps et sang du Christ d'une manière *sensualiter*, et que ce corps est brisé par les mains du prêtre et mâché par les dents

oblatio sed adesset recens facta per generationem subiecti portiuncula carnis, porciuncula sanguinis, non solum hominibus sed etiam pecudibus, avibus, putredini atque ignibus corpus fieret Christi et sanguis oblatio altaris. Nec solum hoc, sed et verbum ipsum "fiat" a precedentibus verbis perpendendum est sacerdotalis deprecationis ».

des fidèles [1]. Cette profession de foi fut modifiée lors du concile de Rome du carême de 1079 en substituant le *sensualiter* en *substantialiter* [2]. Il est également ajouté que ce corps, rendu présent dans les espèces par les paroles du prêtre, est le corps né de la Vierge et crucifié et contient le sang qui coula de son flanc [3].

Lanfranc

Lanfranc réfute un à un les arguments de Bérenger et énonce son point du vue dans le *De corpore et sanguine domini*. Il affirme la présence réelle du corps du Christ sur l'autel et soutient que si le sacrement est tel que le perçoit Bérenger, il n'aurait alors pas plus de valeur que la manne et l'eau données au peuple de l'Ancien Testament. Le Nouveau Testament ne vaudrait donc pas davantage que l'Ancien [4]. Les Pères de l'Église, en particulier Ambroise et Augustin, qualifièrent la manne des Juifs d'ombre (*umbra*) et de figure (*figura*) du sacrifice des Chrétiens, qui est lumière (*lux*) et vérité (*veritas*) [5]. La manne est une nourriture spirituelle, tandis que l'eucharistie est le pain descendu du ciel, le pain vivant qui apporte la vie éternelle. Le premier est « l'ombre d'une figure » (*figurae umbram*), tandis

1. « [...] *scilicet panem et vinum quae in altari ponuntur, post consecrationem non solum sacramentum, sed etiam verum corpus et sanguinem Domini nostri Jesu Christi esse, et sensualiter non solum sacramentum, sed in veritate manibus sacerdotum tractari vel frangi, aut fidelium dentibus atteri* » (« [...] le pain et le vin posés sur l'autel après la consécration ne sont pas seulement un sacrement mais ils sont le vrai corps et sang de notre Seigneur Jésus Christ et ce n'est pas seulement un sacrement pour les sens, mais il est touché et brisé dans sa vérité par les mains du prêtre et mâché par les dents des fidèles »). Le texte de la profession de foi est transcrit intégralement dans J. de Montclos, *Lanfranc...*, *op. cit.*, p. 171-172 et *id.*, « Lanfranc et Bérenger... », *op. cit.*, p. 322. Il nous est parvenu à travers le texte de Lanfranc (*op. cit.*, cols 0410D-0411A). Les professions de foi de 1059 et 1079 figurent ensemble avec un texte du concile de Poitiers de 1075 dans deux manuscrits du début du XIIe siècle, l'un à la Bibliothèque Nationale de Paris (ms. lat. 9631) et l'autre à la Bibliothèque Ambroisienne de Milan (ms. lat. C. 51 sup). L'édition de ces trois textes fut faite par R. Somerville, *op. cit.*, p. 69.

2. Lanfranc, *op. cit.*, col. 0411B-C. Le mot *substantialiter* apparaît déjà dans le texte du concile de Poitiers de 1075.

3. « [...] *et post consecrationem esse verum corpus Christi, quod natum est de Virgine, et quod pro salute mundi oblatum in cruce pependit, et quod sedet ad dextram Patris, et verum sanguinem Christi, qui de latere ejus effusus est,* [...] », *ibid.* (« [...] et après la consécration, c'est le vrai corps du Christ, né de la Vierge et pendu sur la croix pour le salut du monde et qui siège à la droite du Père et c'est le vrai sang du Christ qui jaillit de son flanc »).

4. Lanfranc, *op. cit.*, cols 0419D-0420A.

5. Augustin, *Homélies sur l'évangile de saint Jean. XVII-XXXIII*, trad., intr., notes par M.-F. Errouard, « Bibliothèque augustinienne », t. 72, Paris, Desclée de Brouwer, 1977, XXVI, 12-13, p. 512-518.

que le deuxième est la « vérité avec la figure » (*veritatem cum figura*) [1]. Les mettre au même niveau, en considérant l'eucharistie comme un signe, est aller à l'encontre non seulement des Pères de l'Église, mais aussi de l'essentiel du christianisme fondé sur la grâce apportée par le Nouveau Testament. La communion n'est alors pas seulement un sacrement : la consécration s'effectue grâce aux paroles institutionnelles prononcées par le prêtre (*per sacerdotale ministerium*) et aboutit à la conversion substantielle du pain et du vin en vrais chair et sang du Christ, mangés et bus par les fidèles. En quelques mots, Lanfranc résume son opinion sur le sacrement :

« Nous croyons donc que les substances terrestres qui, sur la table du Seigneur, sont sanctifiées par Dieu grâce au ministère du prêtre, sont, d'une façon ineffable, incompréhensible, merveilleuse, sous l'action de la puissance d'en-haut, changées en l'essence du corps du Seigneur, les apparences et certaines autres qualités des choses elles-mêmes étant conservées, pour éviter qu'en percevant la réalité dans un état brut et sanglant on ne soit saisi d'horreur et afin que, la foi ayant à s'exercer, on reçoive, de ce fait, une plus grande récompense, le corps lui-même du Seigneur existant cependant au ciel à la droite du Père, immortel, inviolé, entier, pur de toute souillure, intact, de telle sorte qu'on puisse dire en toute vérité que c'est le corps même qui a été pris de la Vierge que nous prenons et que, cependant, ce n'est pas le même : le même certes, quant à son essence et quant aux caractéristiques et aux énergies de sa vraie nature, mais pas le même si l'on considère l'apparence du pain et du vin, et les autres qualités mentionnées plus haut » [2].

Le corps du Christ présent sur l'autel est le même que celui qui est né de la Vierge. Lanfranc reprend à ce sujet les idées de Paschase Radbert, qui, au IXe siècle, avait réagi au traité sur l'eucharistie de Ratramne de Corbie et

1. Alger de Liège, *op. cit.*, ch. 8, col. 0763A. Lanfranc, *op. cit.*, col. 0420A : « *illud [manna] umbra et figura erat, hoc [sacrificium Christianorum] vero lux et veritas* ». Voir encore *ibid.*, cols 0430D-0431A.

2. *Ibid.*, col 0430B-C : « *Credimus igitur terrenas substantias, quae in mensa Dominica, per sacerdotale mysterium, divinitus sanctificantur, ineffabiliter, incomprehensibiliter, mirabiliter, operante superna potentia, converti in essentiam Dominici corporis, reservatis ipsarum rerum speciebus, et quibusdam aliis qualitatibus, ne percipientes cruda et cruenta, horrerent, et ut credentes fidei praemia ampliora perciperent, ipso tamen Dominico corpore existente in coelestibus ad dexteram Patris, immortali, inviolato, integro, incontaminato, illaeso : ut vere dici possit, et ipsum corpus quod de Virgine sumptum est nos sumere, et tamen non ipsum. Ipsum quidem, quantum ad essentiam veraeque naturae proprietatem atque virtutem ; non ipsum autem, si species panis vinique speciem, caeteraque superius comprehensa* » (traduit par J. De Montclos, *Lanfranc...*, *op. cit.*, p. 347-348).

identifiait le corps présent dans le sacrement au corps du Christ né de la Vierge, mort sur la croix, ressuscité et désormais glorieux au ciel[1]. Lanfranc soutient contre les « spiritualistes » que ce corps peut être mangé sur terre tout en restant intact au ciel. Cette affirmation pose le problème du capharnaïtisme, conception de certains disciples qui, à Caphanaüm, prirent les paroles du Christ au sens strictement matérialiste[2]. Lanfranc, pour y remédier, avance deux solutions. D'une part, la chair et le sang ne sont pas reçus sous leurs apparences propres, mais sous les apparences du pain et du vin, afin de ne pas heurter la sensibilité des fidèles[3]. D'autre part, nous mangeons sa chair, mais son corps reste malgré tout intact au ciel.

Cependant, il lui faut expliquer comment ce corps peut être mangé par le fidèle et rester intouché au ciel. Ce point constituait la critique la plus sérieuse de Bérenger qui, comme nous l'avons vu, protestait que le Christ désormais glorieux au ciel ne peut subir de corruption en étant brisé par la fraction de l'hostie et mangé par les fidèles. Pour cela, Lanfranc utilise comme explication l'histoire racontée dans le premier livre des Rois (17, 1-16). Nous verrons plus loin que Guibert de Nogent utilise ce même exemple aux chapitres IV et V du *De bucella*, en glosant ce passage biblique d'une manière plus approfondie que Lanfranc. Dieu ordonne à Elie de s'en aller dans le ravin de Kerith à l'est du Jourdain. Des corbeaux viennent lui apporter de la nourriture matin et soir et il boit l'eau du torrent. Mais un jour, le torrent s'assèche. En suivant les directives du Seigneur, Elie marche jusqu'à Sarepta pour y être ravitaillé par une veuve. Il ne reste à celle-ci qu'une poignée de farine et un peu d'huile, pourtant cette quantité suffira à faire du pain pour elle, ses enfants et Elie durant plusieurs jours. De la même façon, l'Église se nourrit du corps du Christ

1. Paschase Radbert, *De corpore et sanguine domini*, (CCCM, XVI), éd. P. Bedae, Turnhout, Brepols, 1969, I, p. 14-15 : « [...] *de hoc corpore Christi et sanguine, quod in misterio vera sit caro et verus sit sanguinis [...]. Et quia voluit licet figura panis et vini haec sic esse, omnino nihil aliud quam caro Christi et sanguis post consecrationem credenda sunt. [...] Et ut mirabilius loquar, non alia plane, quam quae nata est de Maria et passa in cruce et resurrexit de sepulchro* » (« Au sujet du corps et du sang du Christ, qui dans le mystère sont la vraie chair et le vrai sang [...], il faut croire, disait-il, qu'après la consécration, ce qui se trouve sous la figure du pain et du vin, n'est rien d'autre que la chair et le sang du Christ, et chose plus admirable encore, cette chair et ce sang du Christ ne sont pas autres que la chair qui naquit de Marie, souffrit sur la croix et ressuscita du tombeau »).

2. Jn. 6, 48-66. Voir J. de Montclos, *Lanfranc..., op. cit.*, p. 358-359.

3. Les moines de Saint-Médard utilisent cet argument – le Christ s'est transmis sous les apparences du pain et du vin pour ne pas répugner le fidèle – pour prétendre que, par conséquent, il nous a laissé des reliques pour que nous puissions toucher sa vraie chair. Guibert de Nogent, *De sanctis et eorum pigneribus*, *op. cit.*, III, l. 267-276.

tout en le laissant intact au ciel [1] ; le Christ est présent par son essence dans le sacrement, et demeure, « immortel, inviolé, non contaminé, intègre, non souillé » [2].

Probablement conscient que cette explication ne suffit pas, Lanfranc opère une distinction entre la chair du Christ présente sur l'autel et le corps siégeant à la droite du Père. En effet, pour lui, l'eucharistie est d'abord « chair ». « Le pain céleste, qui est la vraie chair du Christ est appelée, à sa manière, corps du Christ, bien qu'il soit, en réalité, le sacrement du corps du Christ » [3]. La chair est une réalité partielle dissemblable du corps du Christ au ciel, cependant ils sont « essentiellement la même chose » [4]. Il y a donc pour lui une réalité partielle sur l'autel et une réalité totale au ciel [5]. Les deux réalités sont « essentiellement la même chose », mais néanmoins différentes par leurs « qualités » [6], ce qui les distingue l'une de l'autre. En effet, lors de la consécration, il y a conversion des « essences principales » du pain et du vin, tandis que leurs « essences secondaires » demeurent, c'est-à-dire leur apparence, leur forme et leur goût [7]. À la place des « essences principales » des espèces eucharistiques se substitue « l'essence du corps du Christ » [8], donc les « essences principales » et les « essences secondaires » du corps du Christ. Il n'est à ce stade pas aisé de saisir la différence entre la réalité partielle et la réalité totale, puisque Lanfranc fait intervenir dans la conversion toute l'essence du Christ. Jean de Montclos résout cette difficulté et explique que la chair et le sang présents sur l'autel possèdent des « essences secondaires » qui leur sont propres, différentes des « essences secondaires » du corps du Christ au ciel. Ainsi, la différence entre la chair et le sang et le corps au ciel « peut être entendue dans ce sens que la chair et le sang eucharistiques supportent les qualités du pain et du vin et se trouvent, par là même, ne pas ressembler au corps et au sang du Christ doués de leur apparence naturelle [...] : les “essences secondaires”,

1. Lanfranc, *op. cit.*, col. 0427 B-D.

2. *Ibid.*, col. 0430C : « *immortali, inviolato, integro, incontaminato, illaeso* ».

3. *Ibid.*, col. 0425A : « *Sicut ergo coelestis panis, quae vera Christi caro est, suo modo vocatur corpus Christi* [...] ».

4. *Ibid.*, col. 0424B. *Cf.* J. de Montclos, *Lanfranc...*, *op. cit.*, p. 388.

5. Lanfranc, *op. cit.*, col. 0424A : « *Carne et sanguine, utroque invisibili, intelligibili, spirituali, significatur Redemptoris corpus visibile, palpabile, manifeste plenum gratia omnium virtutum et divina majestate* » (« Par la chair et le sang, l'un et l'autre invisibles, compréhensibles, spirituels, est signifié le corps du Rédempteur visible, palpable, manifeste, plein de grâce de toutes les vertus et de divine majesté »).

6. Lanfranc, *op. cit.*, col. 0424D : « [...] *essentialiter idem sunt, qualitatibus plurimum discrepantes* » (« Ils sont essentiellement les mêmes, mais très différents par leurs qualités »).

7. Voir J. de Montclos, *Lanfranc...*, *op. cit.*, p. 375-379.

8. Lanfranc, *op. cit.*, col. 0430C : « [...] *converti in essentiam Dominici corporis* ».

réduites dans le cas de la chair et du sang de l'autel, sont intégrales dans les cas du corps et du sang du ciel » [1]. En somme, les « essences principales » sont communes à la chair eucharistique et au corps glorieux, mais les « essences secondaires » les différencient, puisqu'elles sont incomplètes et cachées dans le cas de la chair et manifestes et totales dans le cas du corps qui fut sur la croix et qui se trouve désormais au ciel [2]. Ainsi, en effectuant un parallèle avec l'histoire de la veuve de Sarepta et en distinguant la « chair » eucharistique et le « corps du Christ », Lanfranc peut soutenir que la chair du Christ est réellement mangée ici-bas, tandis que le corps du Christ au ciel ne subit aucune vicissitude. Mais il ajoute que de toute façon, chercher à comprendre comment cela est possible est vain, puisque tout est affaire de foi [3].

Quant à la question de l'immolation sacramentelle, Paschase soutenait contre Ratramne que la crucifixion est répétée quotidiennement par le sacrifice eucharistique. Chaque jour le corps et le sang du Christ sont à nouveau immolés sur l'autel [4]. Comme lui, Lanfranc estime que la chair est réellement immolée lors de la célébration de la messe par la fraction de l'hostie et par l'absorption des espèces par les communiants : « Dans le sacrement [...] la chair du Seigneur est immolée quotidiennement, elle est divisée, mangée et son sang est bu dans le calice par la bouche des fidèles » [5]. Cependant, cette immolation n'affecte pas le Christ en lui-même, justement en raison de la distinction entre la chair eucharistique et le corps au ciel. L'immolation est une figure du sacrifice de la croix, mais elle est réelle en elle-même. En d'autres termes, le corps du Christ ne fut crucifié qu'une seule fois, conformément aux Écritures. Par la célébration de la messe, nous nous remémorons la crucifixion, mais la chair présente sur l'autel subit l'immolation. Celle-ci ne peut en effet qu'être réelle, puisque la chair est réellement présente. Jean de Montclos insiste à juste

1. J. de Montclos, *Lanfranc...*, *op. cit.*, p. 379.

2. *Ibid.*, p. 390.

3. Lanfranc, *op. cit.*, col. 0421C-D : « *Si quaeris modum quo id fieri possit, breviter ad praesens respondeo : Mysterium fidei credi salubriter potest, vestigari utiliter non potest* » (« Si tu cherches de quelle manière cela peut se faire, je réponds brièvement maintenant : le mystère de la foi doit être cru d'une manière salutaire, il ne faut pas chercher d'une manière profitable »).

4. Paschase Radbert, *op. cit.*, ch. IX, p. 52 : « *Quid necesse fuerit quod semel gestum est Christum cotidie immolatur vel quid boni tribuant haec mysteria digne accipientibus. Iteratur autem cotidie haec oblatio, licet Christus semel passus in carne per unam eandemque mortis passionem semel salvaverit mundum* [...] ».

5. Lanfranc, *op. cit.*, col. 0425B-C : « *In sacramento [...] caro Domini quotidie immolatur, dividitur, comeditur, et sanguis ejus de calice fidelium ore potatur* ».

titre sur ce point, car d'autres avant lui ont perçu le sacramentalisme de Lanfranc comme une immolation symbolique, ce qui est faux [1]. Le fait que des personnes, telles Bérenger, se soient offusquées de ce réalisme constitue une preuve que Lanfranc et la doctrine officielle perçoivent la célébration de la messe comme une immolation réelle. Comme le signale Louis Brigué, « la plus grande objection des adversaires était celle-ci : Le Christ ne s'est offert qu'une fois et cela suffit. Donner à la messe la même valeur qu'à l'action du Calvaire, c'est diminuer l'efficacité de cette unique oblation » [2]. Lanfranc a tenté de démontrer, face à ces réactions, que l'immolation du corps ne fut effectuée qu'une seule fois, que ce corps siège malgré tout intact au ciel, bien que sa chair et son sang soient sacrifiés quotidiennement.

Concernant la question de la dignité du communiant, Lanfranc estime que les personnes s'approchant indignement du sacrement reçoivent les vrais chair et sang et les effets salutaires, tandis que les personnes indignes reçoivent également la chair et le sang, mais uniquement dans leur essence, sans les effets salutaires [3]. Le sacrement est ainsi salutaire pour le communiant bien disposé, mais mauvais pour celui qui s'en approche indignement, de la même manière que Judas a reçu le corps, mais cela lui a valu la damnation. Lanfranc cite un passage d'Augustin concernant la communion des dignes ou des indignes [4]. Ce dernier estimait, en effet, que la bouchée donnée par le Seigneur à Judas n'était pas mauvaise en elle-même, mais comme il l'a reçue en ayant de mauvaises intentions, le diable est entré en lui [5]. Pour obtenir les effets salutaires du sacrement, il faut vivre éloigné du péché et mener sa vie selon l'exemple du Christ.

Ainsi, Lanfranc réfute les arguments de Bérenger. Il affirme que le corps du Christ, né de la Vierge, crucifié et glorifié est réellement présent dans l'eucharistie. On peut dire que, d'une certaine manière, le corps

1. J. de Montclos, *Lanfranc..., op. cit.*, p. 407 ; 412. Les théologiens que cet auteur réfute en particulier sont Josef Geiselmann et Maurice Lepin. Sur le sacramentalisme de Lanfranc, voir J. de Montclos, *ibid.*, ch. 19, p. 392-416.

2. L. Brigué, *Alger de Liège. Un théologien de l'Eucharistie au début du* XII*e siècle*, Paris, J. Gabalda et Cie Éditeurs, 1936, p. 139.

3. Lanfranc, *op. cit.*, col. 0436C-D.

4. *Ibid.*, 436D.

5. Augustin, *Homélies...XVII-XXXIII*, *op. cit.*, XXVI, II, p. 508 : « *Non enim bucella Dominica venenum fuit Judae, et tamen accepit, et cum accepit, in eum inimicus intravit, non quia malum accepit, sed quia bonum male malus accepit* » (« En effet, la bouchée tendue par le Seigneur n'était pas un poison pour Judas, et cependant il l'a reçue et, quand il l'eut reçue, l'ennemi entra en lui, non qu'il eut reçu quelque chose de mauvais, mais parce qu'il était méchant et qu'il avait reçu mal quelque chose de bon ») (traduit par M.-F. Berrouard).

historique, le corps glorieux et le corps eucharistique ne forment qu'un seul. Lanfranc n'apporte à cela qu'une nuance infime, en distinguant le corps au ciel de la chair eucharistique, afin de pouvoir soutenir que le Christ est brisé par les mains des prêtres, broyé par les dents des fidèles, tout en restant intact au ciel. De cette présence réelle, découle plusieurs affirmations : le Christ subit une immolation quotidienne lors de la célébration de la messe et nous nous remémorons par là sa passion. De plus, les personnes indignes recevant le sacrement prennent le corps du Christ, mais sans les effets salutaires.

Deux autres auteurs furent rangés déjà avant le milieu du XIIe siècle dans la lignée directe de Lanfranc : Guitmond d'Aversa et Alger de Liège. En effet, Pierre le Vénérable, dans son écrit contre l'hérésie de Pierre de Bruis rédigé en 1139-1140, mentionne successivement les trois auteurs qu'il classe hiérarchiquement d'après la valeur de leurs écrits respectifs. Lanfranc a discuté au sujet de la vérité du corps et du sang du Christ *bene, plene, perfecte*, Guitmond, *melius, plenius, perfectius* et Alger *optime, plenissime, perfectissime*[1]. Les deux derniers reprennent les idées de Lanfranc, en les développant souvent davantage. Nous n'allons pas ici résumer leur doctrine, puisque, d'une manière générale, elle est semblable à celle exposée par Lanfranc. Nous mentionnerons simplement certains des quelques points de divergence d'avec l'évêque de Cantorbéry ou des sujets que ce dernier n'a pas traités. Nous souhaitons surtout soulever certains aspects qui nous intéressent plus particulièrement dans le cadre de l'étude de Guibert de Nogent.

Guitmond d'Aversa

Guitmond, élève de Lanfranc à Bec avant que ce dernier ne parte en Angleterre, puis évêque d'Aversa au sud de l'Italie, écrit entre 1073-1075 un traité sur l'eucharistie, *De corporis et sanguinis Christi veritate in eucharistia*[2]. Ce texte se présente sous la forme d'un dialogue entre l'auteur et l'un de ses élèves dénommé Roger. Guitmond, tout au long du traité, affirme la présence réelle du Christ historique dans l'eucharistie, ainsi que l'unité et l'indivisibilité de son corps. Il mentionne les opinions hérétiques de Bérenger et de ses suiveurs, mais également de tous ceux qui

1. Pierre le Vénérable, *Adversus Petrobrusianos haeriticos* (PL CLXXXIX col. 0788D).

2. Guitmond, *op. cit.* Guitmond d'Aversa reste un auteur méconnu qui ne fut étonnamment pas étudié, si ce n'est par Luciano Orabona dans l'introduction de l'édition du texte. Pourtant, il mériterait une attention bien plus grande et, dans le contexte spécifique des discussions sur l'eucharistie, il serait souhaitable que son traité soit analysé d'une manière plus détaillée que ne l'a fait Luciano Orabona.

se trompent à propos du sacrement de l'eucharistie [1]. Ainsi, Bérenger dit qu'il n'y a pas de changement substantiel ; le pain reste du pain et le sacrement est l'ombre et la figure du corps du Christ. D'autres affirment la théorie de l'impanation (les *impanatores*) et pensent que le Christ est pétri avec le pain de la même manière que le Verbe s'est incarné, donc que les deux substances coexistent [2]. D'autres encore se dressent contre Bérenger, mais soutiennent que le pain et le vin restent en partie dans le sacrement. Finalement, il y a ceux qui admettent une complète transformation, mais dans le cas de l'absorption de l'espèce par des pécheurs, celle-ci revient à sa substance première. Tout au long de son traité, Guitmond réfute ces erreurs et donne des arguments en faveur de son opinion.

Tout d'abord, il affirme, contre Bérenger, que le Christ peut être broyé (*atteri*), lui qui a pu être touché par Thomas et les saintes femmes après sa résurrection. De par sa toute puissance, il n'y a pas de raison qu'il ne puisse pas être mâché par les dents des fidèles [3]. De plus, le Christ est présent dans une petite portion de l'hostie de la même manière que dans l'hostie entière. Il compare ce phénomène avec la manne : celui qui récoltait plus n'avait pas davantage et celui qui récoltait moins n'en avait pas moins. Donc, même si l'hostie est fractionnée, le corps reste entier, indivisible [4]. De la même manière, lorsque mille messes sont célébrées en même temps, dans chaque messe il y a tout le corps ; il y a alors mille corps, mais pourtant un seul corps entier et indivisible [5]. Comme les yeux de l'âme voient plus que les yeux du corps, il y a la même réalité dans les toutes petites parties de l'hostie consacrée lors de toutes les messes célébrées en même temps [6].

Puis, Guitmond réfute l'argument de Bérenger qui considère que le corps ne peut être présent dans les espèces, puisque celles-ci pourrissent. Or, la chair du Christ est incorruptible. Pour Guitmond, il s'agit là d'une affaire de foi. Celui qui ne croit pas à la réalité du corps voit avec ses yeux, alors qu'il faut simplement avoir la foi en ce mystère [7]. Dans la même suite de pensée, l'auteur s'attaque alors à l'objection qui consiste à dire que, comme les espèces peuvent être mangées par les bêtes, elles ne sont pas le corps du Christ. Les bêtes peuvent effectivement s'approcher

1. *Ibid.*, p. 70-72.

2. Guitmond est le premier à distinguer les *umbratici*, ceux qui conçoivent le sacrement comme l'ombre et la figure du corps du Christ, des *impanatores*. Parmi ces derniers figure Rupert de Deutz. M. Rubin, *op. cit.*, p. 21.

3. Guitmond, *op. cit.*, p. 76 et 80.

4. *Ibid.*, p. 82.

5. *Ibid.*, p. 84-86.

6. *Ibid.*, p. 92-94.

7. *Ibid.*, p. 130-134.

malencontreusement du corps, mais seulement du point de vue de l'homme. En effet, à ce moment, le corps, grâce aux anges ou par sa puissance propre, est enlevé et rapporté au ciel [1]. Et, il ajoute que de toute façon, même si cela ne se passe pas ainsi, c'est Dieu qui permet que le sacrement puisse être mangé. Il ne peut être lésé plus par les bêtes que par nos bouches et le corps d'un animal vivant n'est pas, pour Dieu, plus vil que la terre ou la pierre, selon le principe que la matière animée est plus noble que l'inanimée. Lui, qui permit que son corps soit étendu sur la pierre dans son sépulcre, permet que les bêtes le mangent [2]. Suivant la même logique, lorsque le pain et le vin sont touchés par le feu (le plus propre des éléments), le corps n'est pas brûlé, mais il est remis au ciel [3]. Ces points-ci ne furent pas traités par Lanfranc. Guitmond est donc le premier à réfuter les arguments de Bérenger et de ses suiveurs sur ce sujet.

En dernier lieu, Guitmond traite longuement de la communion des personnes indignes [4]. Nous allons suivre de près ce qu'il dit à ce propos. Il y a selon lui deux groupes de personnes qui se trompent. Les premiers disent que, pour les indignes, la transformation ne s'effectue qu'en partie. Les seconds estiment que le changement est total, mais lorsque les indignes s'approchent du sacrement, les espèces redeviennent alors pain et vin. Nous y reviendrons plus loin, mais nous soulignons déjà que Guibert de Nogent se situe dans cette deuxième catégorie. Ces deux groupes n'admettent pas que le corps et le sang puissent être pris par un indigne. Ils donnent pour exemple l'histoire d'un vieillard qui eut la vision d'un ange retirer le corps du Seigneur de la bouche de personnes s'approchant indignement de la communion et mettre un charbon à la place [5]. Guitmond

1. *Ibid.*, p. 140 : « *Deinde mox invisibiliter angelorum sibi semper assistentium ministerio, vel suapte virtute raptum iri, in coelisque constitui* » (« À ce moment, grâce à l'intervention des anges qui l'assistent toujours, ou par sa propre puissance, il est enlevé pour s'en aller et être amené au ciel »).

2. *Ibid.*, p. 140-142 : « *Sed ipsum Christi corpus, sicut iam diximus, in lapide iacuit, et terram calcavit : non igitur propter aliquam vilitatem cuiuscunque animalis corpus horrescit* » (« Mais le corps même du Christ, comme nous l'avons dit, a gît sur la pierre et a foulé la terre : il ne peut donc être horrifié par un homme vil et le corps d'un animal »).

3. *Ibid.*, p. 142.

4. *Ibid.*, p. 282-290. C.E. Sheedy (*op. cit.*, p. 38) déclare à tort que Lanfranc et Guitmond n'ont pas du tout traité la question de la validité des indignes.

5. Guitmond, *op. cit.*, p. 282-284. « *Idque etiam exemplo conantur astruere, quia videlicet in vitis Patrum cuidam seni visus sit angelus ad communionem sacram indignis accedentibus corpus Domini subtrahere, et loco eius carbonem dare* » (« Ils s'efforcent de prouver par cet exemple, qui se trouve dans les vies des Pères, où un vieillard vit un ange retirer le corps du Seigneur de personnes indignes s'approchant de la communion sacrée et mettre à la place un charbon »).

trouve absurde de s'appuyer sur cette histoire, le charbon n'étant présent dans ce miracle que pour signaler l'indignité des personnes. Lorsque le Christ dit : « celui qui mange et boit indignement, mange et boit sa propre condamnation », cela signifie qu'il est mangé, mais non avec amour. L'indigne mange le corps, mais il n'obtient pas l'effet salutaire comme les fidèles, et, par là, il se condamne. Comme Lanfranc, Guitmond se réfère à Augustin pour donner l'exemple de la bouchée de Judas. Celui-ci ne reçut pas quelque chose de mal, mais parce qu'il l'a mal reçu, il fit entrer le diable en lui. Ainsi, les personnes dignes et indignes mangent la même chose, mais avec un résultat différent. Si ce n'était pas le cas, l'affirmation du prêtre « ceci est mon corps » serait bien téméraire. Il précise que chacun ignore les erreurs de chacun. Personne ne peut juger de la dignité ou de l'indignité des autres.

Ceci amène tout naturellement Guitmond à traiter des cas où c'est le prêtre qui est indigne [1], ce qui ne fut traité ni par Bérenger, ni par Lanfranc. Il commence, comme à son habitude, par mentionner les opinions erronées. Elles sont ici au nombre de deux. D'une part, la transformation n'a pas lieu entre les mains d'un prêtre indigne. Pour Guitmond, cette pensée est absurde, puisqu'elle signifierait que l'iniquité de l'officiant aurait plus d'importance que les paroles du Christ. Il estime que l'indignité de l'homme ne peut annuler les paroles du Seigneur ; par conséquent, le prêtre prend lui-même et distribue le vrai corps. D'autre part, seule une partie de l'espèce est transformée, l'autre étant réservée aux indignes, récipiendaires ou officiants. Guitmond rétorque que cela n'est pas possible, car le Christ n'a jamais dit une telle chose.

En définitive, Guitmond affirme la présence réelle du corps historique et ressuscité du Christ dans les espèces. Il s'attaque non seulement aux erreurs de Bérenger, mais aussi à celles d'autres auteurs. Il comble les lacunes de Lanfranc en réfutant des objections de Bérenger non traitées par son prédécesseur, comme l'absorption de l'hostie par des animaux, l'un des arguments les plus forts de l'écolâtre de Tours. Mais contrairement à Lanfranc, il insiste sur le fait que le corps se trouve entier dans chaque morceau d'hostie. Tout le traité de Guitmond tend à montrer l'indivisibilité du Christ, afin de contrer les arguments des « spiritualistes ». Il est également le premier à discuter longuement de la question de la communion des indignes et de celle des prêtres indignes. Enfin, il ouvre la voie à Alger de Liège qui fournira un traité encore plus complet sur l'eucharistie.

1. *Ibid.*, p. 290-292.

Alger de Liège

Alger de Liège écrit son *De sacramentis corporis et sanguinis dominici*[1] entre 1110 et 1121[2]. Il est directement tributaire des écrits de Lanfranc et de Guitmond d'Aversa, « mais il prolonge et dépasse la réflexion que les objections de Bérenger avaient suscitées chez ses devanciers et il fait accomplir à la théologie des progrès considérables »[3]. Comme ses prédécesseurs, Alger entend défendre la présence réelle du corps historique du Christ dans l'eucharistie, qui se trouve à la droite du Père et en même temps dans le sacrement[4]. Dans son prologue, il résume six erreurs hérétiques à propos de la vérité du corps et du sacrement[5]. En premier lieu, figurent ceux qui ne croient pas au changement substantiel du pain et du vin et qui considèrent ce sacrement comme un simple sacrement (*solum sacramentum*) au même titre que le baptême ou l'onction. Puis, viennent les *impanatores*, et troisièmement, ceux qui admettent la conversion de la substance des espèces, mais non en substance du Christ, mais en celle du Fils-homme uniquement. En quatrième et cinquième lieux, viennent ceux qui estiment que le sacrement est annulé entre les mains d'un prêtre indigne et ceux qui pensent que dans le cas de communiants indignes, la chair du Christ redevient du pain et du vin. Finalement, les pires (*quod est deterius*) : ceux qui disent que le corps absorbé est corrompu par la digestion. Toutes ces fausses opinions seront réfutées par Alger au long de son traité. Nous allons mentionner certains éléments de sa doctrine qui nous intéressent par rapport à Guibert de Nogent, sans entrer dans le détail du texte.

Pour Alger de Liège, le corps du Christ se trouve tout entier dans chaque partie de l'hostie divisée et tout entier dans chaque espèce[6].

1. Alger de Liège, *op. cit.*, cols 0740-0854.

2. Il est possible de fixer 1121 comme *terminus ante quem*, car lors de la rédaction de ce texte, Alger ne se trouvait pas encore à Cluny, où il se retirera dès cette année. L. Brigué, *op. cit.*, p. 26. La thèse de Louis Brigué est la seule étude sur Alger de Liège et l'eucharistie.

3. J. De Montclos, *Lanfranc…*, *op. cit.*, p. 464.

4. Alger de Liège, *op. cit.*, col. 0785B : « […] *in coelo et in terra praesens etiam corporaliter potest esse* » (« […] il peut être présent corporellement au ciel et sur terre »).

5. *Ibid.*, cols 0739D-0740C.

6. *Ibid.*, col. 0785C : « […] *cum species panis et vini duo sint sacramenta, non tamen in eis duo diversi Christi, sed in utroque unus est Christus, qui nec distributione ipsius sacramenti in seipso dividitur, nec pro quantitate portionis majus vel minus accipitur, quia in spirituali sua virtute semper totus esse creditur* […] » (« […]dans le sacrement les espèces du pain et du vin sont au nombre de deux, non qu'il y ait deux Christ différents en elles, mais le Christ est seul dans l'une et l'autre, et il n'est pas divisé en lui-même dans la distribution de ce

Lanfranc, au contraire, n'affirmait pas la concomitance des espèces. Pour lui, par le pain, on reçoit le corps et par le vin, on reçoit le sang [1]. Sur ce point, il rejoint Guitmond. Le corps du Christ ne nourrit pas un homme [2], mais s'il parvient à se rassasier en mangeant le pain consacré, ce n'est qu'une apparence, de la même manière que les espèces ne se corrompent pas, mais elles le semblent. Ceci fait partie du miracle. De plus, citant Lanfranc [3], il insiste sur le fait que les deux natures du Christ, homme et Dieu se trouvent dans l'eucharistie [4]. Il distingue, comme ses prédécesseurs, le *sacramentum* et la *res sacramenti*, c'est-à-dire les apparences du pain et du vin distinctes de ce qui est invisible, le corps du Christ. Dans un autre de ses écrits, le *De misericordia et justicia*, il ajoute encore l'*effectum sacramenti* à la *res*, l'effet qui conduit à la vie ou au jugement [5].

Louis Brigué signale qu'Alger est le premier qui « montre longuement que le sacrifice de l'Église ne consiste pas dans le seul sacrement figuratif, mais dans la présence substantielle du corps et du sang du Seigneur » [6], outre les quelques lignes de Lanfranc. Tout comme ce dernier, il s'appuie sur la supériorité du Nouveau Testament par rapport à l'Ancien. Ne voir dans l'eucharistie qu'une commémoration de la crucifixion, une ombre et une figure du corps du Christ, signifie que ce sacrement n'aurait pas plus de valeur que les rites précédant la venue de la Nouvelle Loi [7]. Il répète comme Lanfranc, à la suite de saint Augustin, que l'Ancien Testament est l'ombre

sacrement, et il n'est pas reçu par portion plus ou moins grande, car il est toujours entier dans son effet spirituel »).

1. Lanfranc, *op. cit.*, col. 0425A : (« On reçoit par la bouche du corps la chair du Seigneur qui est immolée sur l'autel ; la chair est prise à part ; le sang est reçu à part, non sans une certaine signification mystérieuse » (traduit par L. Brigué, *op. cit.*, p. 60, n. 2).

2. Alger de Liège, *op. cit.*, col. 0810B : « [...] *cum non sit corporalis, sed spiritualis esca, corporalis per eam non solvitur abstinentia* » (« [...] puisqu'elle n'est pas une nourriture corporelle, mais spirituelle, l'abstinence corporelle n'est pas rompue par elle »).

3. Alger cite Lanfranc en le désignant dans tout le traité sous le nom d'*Augustinus in libro Sententiarum Prosperi*.

4. Alger de Liège, *ibid.*, col. 0754D.

5. « [...] *istud solum tria : sacramentum, speciem illam scilicet quae videtur, rem sacramenti, id est veritatem Dominicae substantiae, quae sicut de Virgine vera nata est, vera esse in eo creditur ; effectum sacramenti prout quibusdam ad vitam, quibusdam ad judicium sumitur* » (« [...] il y a trois [éléments] : le sacrement, à savoir l'espèce qui est visible, la chose du sacrement, c'est-à-dire la vérité de la substance, qui est crue comme vraiment en lui, comme elle est née de la Vierge ; l'effet du sacrement qui est pris par certains pour la vie, par d'autres pour le jugement »), Alger de Liège, *De misericoridia et justitia* (PL CLXXX col. 0884D). Voir L. Brigué, *op. cit.*, p. 106.

6. *Ibid.*, p. 124.

7. Alger de Liège, *op. cit.*, cols 0753 A ; 0815B-0821B.

d'une figure et le Nouveau Testament est la vérité avec la figure[1]. Cependant, dire que le Christ est immolé à chaque messe ne revient pas à le tuer à nouveau, car il s'agit bien d'une commémoration de sa Passion, qui n'a eu lieu qu'une seule fois. Cependant, il est quand même sacrifié sur l'autel, puisqu'il est substantiellement présent, mais il reste intact[2].

Alger traite également de la valeur du sacrement chez les indignes. Comme nous l'avons mentionné, il signale l'erreur commise à ce propos : certains disent qu'au moment où un indigne approche pour communier, le corps du Christ se retire et les espèces redeviennent purement du pain. Ainsi, tout comme Lanfranc et Guitmond, il estime que le corps du Christ reste toujours substantiellement présent, même dans le cas d'une absorption par une personne pécheresse. À nouveau, il reprend le cas de la communion de Judas, exposée par Augustin, pour montrer que l'apôtre n'a pas reçu quelque chose de mal du Seigneur, mais il s'est condamné par ses mauvaises intentions[3]. Tout comme Guitmond, il estime que les personnes indignes ne sont plus en communion avec le Christ. Par conséquent, celles-ci n'obtiendront pas le fruit de la vie éternelle et elles seront soumises à la damnation. Parallèlement, l'argument est le même pour la communion des prêtres indignes : ils prennent et distribuent le corps du Christ[4].

Ainsi, Lanfranc, Guitmond et Alger se posent comme les hérauts de la doctrine eucharistique contre des idées fausses. Bérenger n'a pas imposé sa conception. Cependant, ses opinions suscitèrent une polémique qui sut lancer un débat de fond autour de la question eucharistique. Au tournant du XIIe siècle, la doctrine officielle de l'Église soutient donc que les espèces sont substantiellement converties en chair et sang du Christ tout en maintenant leurs qualités extérieures. Cela amena à tenter d'expliquer comment la chair peut être consommée en préservant le corps du Christ. Le débat autour de la présence réelle engendra une discussion sur la nature du Christ présent et de nouvelles interrogations surgirent, telles la corruption des espèces et leur absorption par des animaux ou des indignes. Parallèlement à cette conception « ultra-réaliste », l'école de Laon prône une vision légèrement différente, axée sur d'autres points.

1. *Ibid.*, col. 0763A : « *In quo notandum est, quia in Veteri Testamento, dedit Deus tantum figurae umbram, in Novo veritatem cum figura, in futuro dabit veritatem non cum figura, sed manifestam* [...] » (« Il faut préciser que dans l'Ancien Testament, Dieu a donné l'ombre d'une figure, dans le Nouveau, il donne la vérité avec la figure et, dans le futur, il donnera la vérité non avec la figure, mais la vérité manifeste [...] »).

2. *Ibid.*, cols 0786B-0790B.

3. *Ibid.*, cols 0798B-0803B.

4. *Ibid.*

L'ÉCOLE DE LAON

Au début du XIIe siècle, l'école de Laon devient un centre important de l'étude des textes sacrés et soutient une conception plutôt mystique de l'eucharistie [1]. Anselme de Laon, élève d'Anselme de Canterbury au Bec, lui-même élève de Lanfranc, est le chef de file de cette école. Vers 1080, il prend la direction de l'école cathédrale de Laon. Parmi ses collaborateurs, se trouvent son frère Raoul, Guillaume de Champeaux, Guillaume de Saint-Thierry et Gilbert de la Porée. Les rapports entre Guibert de Nogent et l'école de Laon furent mentionnés par Joseph Geiselmann [2] et Gary Macy à sa suite [3]. À plusieurs reprises, Guibert cite Anselme de Laon, dans son *Autobiographie*, en des termes extrêmement élogieux : « maître Anseau, homme qui était une lumière pour la France entière, voire pour l'ensemble du monde latin, par sa science des arts libéraux et la sérénité de ses mœurs [...] » [4].

La théologie de Guibert de Nogent est fortement influencée par Anselme de Laon et Guillaume de Champeaux, qui insistent particulièrement sur l'incorruptibilité du Christ dans l'eucharistie. Plusieurs des sentences éditées par Odon Lottin [5] portent le titre de cette question apparemment très discutée à l'époque : « *Quale corpus Christi dederit discipulis ?* ». La sentence 137, attribuée probablement à Anselme, offre un résumé des pensées de l'époque sur ce point [6]. D'après l'auteur, certains pensent que le Christ a donné son corps mortel et passible, tel qu'il

1. Les études sur Anselme de Laon et l'école de Laon sont peu nombreuses. Cela tient essentiellement au fait que leurs écrits ne nous sont parvenus que par fragments. Voir cependant, A. Wilmart, « Un commentaire des Psaumes restitué à Anselme de Laon », *Recherches de Théologie ancienne et médiévale*, vol. 8, 1936, p. 325-344 et J. de Ghellinck, *Le mouvement théologique du XIIe siècle. Sa préparation lointaine avant et autour de Pierre Lombard, ses rapports avec les initiatives des canonistes*, 2e éd., Bruges, Éd. du Temple ; Paris, Desclée de Brouwer, 1948, p. 133-148. Pour l'enseignement eucharistique d'Anselme, voir J. Geiselmann, *Die Eucharistielehre...*, *op. cit.*, p. 431-440.

2. *Id.*, « Die Stellung... », *op. cit.*, p. 282 ; 299.

3. G. Macy, *op. cit.*, p. 80.

4. Guibert de Nogent, *Autobiographie*, *op. cit.*, p. 284-285 : « *magister Ansellus, vir totius Franciae, immo latini orbis lumen in liberalibus disciplinis ac tranquillis moribus* [...] » (traduction de E.-R. Labande).

5. Nous avons utilisé les *Sentences* d'attribution certaine, probable ou plausible à Anselme de Laon et celles de Guillaume de Champeaux dans O. Lottin, *Psychologie et morale aux XIIe et XIIIe siècles. Problèmes d'histoire littéraire : l'école d'Anselme de Laon et de Guillaume de Champeaux*, t. V, Gembloux, J. Duclot, 1959. Ces sentences ne sont pas datées avec certitude, mais Anselme meurt en 1117 et Guillaume de Champeaux en 1121.

6. *Ibid.*, Sentence 137, p. 105-106.

était pendant la Cène. D'autres estiment qu'il s'est donné dans un état d'immortalité, car n'étant pas lié à la faute originelle, il ne meurt pas. Il s'est donc donné immortel, tel Adam avant la Chute. D'autres encore supposent qu'il s'est donné impassible, tel qu'il s'est montré transfiguré sur le mont, d'une clarté ineffable (*ineffabili claritate*) et d'un aspect immortel (*immortali specie*). Anselme et Guillaume pensent comme ces derniers, puisqu'ils estiment que le Christ s'est donné impassible à ses disciples, tel qu'il s'est montré transfiguré sur le mont à Pierre, Jean et Jacques et non dans l'état passible qu'il était au moment de la Cène. Le fidèle mange le corps dans l'état qu'il a désormais, glorifié et immortel à la droite du Père. Il ne fut de toute façon jamais passible et corruptible mais, au contraire, toujours vivant. Leurs arguments sont les suivants : sa nature ne peut être qu'incorruptible, car il n'est pas soumis au péché originel, cause de la mortalité des hommes ; par conséquent, il est tel Adam avant la Chute. De plus, il n'est pas mort par nécessité, mais par sa propre volonté, pour libérer les hommes de la mort éternelle. De fait, il n'est pas soumis à la mortalité, qui touche la condition humaine[1]. La majorité des sentences portant sur le sacrement de l'eucharistie traite de l'impassibilité et de l'immortalité du Christ. L'école de Laon semble la seule à avoir autant développé ce thème, qui persistera dans le temps. En effet, nous le retrouvons quelques années plus tard chez un moine de l'abbaye de Saint-Victor de Paris, fondée justement par Guillaume de Champeaux. Il s'agit d'Hugues de Saint-Victor qui traite la question de savoir si le Christ a

1. *Ibid.*, Sentence 275 : « *Respondemus, quia tale dedit erat in natura. Natura autem erat immortale et impassibile Christi corpus, licet voluntate sola pateretrus Christus, et moreretur. [...] voluntate tamen factus est pro nobis mortalis. Tale [...] quale fuit ante peccatum corpus Ade. Adam vero immortalis et impassibilis a Deo factus est, sed quia creatori inobediens extitit, propria voluntate mortalis fuit. [...] nec tamen necessitate, sed voluntate mori voluit, et sic humanum genus ab eterna morte liberavit* » (« Nous répondons qu'il s'est donné tel qu'il était dans sa nature. Le corps du Christ était de nature immortelle et impassible, il a souffert et il est mort par la volonté seule. [...] il est devenu mortel pour nous par sa volonté. Il était tel qu'était le corps d'Adam avant le péché. Adam fut fait par Dieu immortel et impassible, mais parce qu'il désobéit à la créature, il devint mortel par sa propre volonté. [...] et il n'a pas voulu mourir par nécessité mais par volonté et il libéra ainsi le genre humain de la mort éternelle ») ; *ibid.*, Sentence 26, l. 1-6 : « *Quod vero ipse in natura sua nullam habuit corruptionem luce clairus est. Caro etenim Christi Verbo Dei personaliter unita sine omni peccato fuit* » (« Il est tout à fait clair qu'il n'y eut aucune corruption dans sa nature. La chair du Christ personnellement unie au Verbe de Dieu fut sans aucun péché ») ; *ibid.*, Sentence 194, l. 8-10 : « *Ipse enim idem erat qui ante discipulos suos in monte se transfiguravit [...]. Itaque carnem suam et sanguinem immortalem et impassibilem eis dedit* » (« Il était le même que lorsqu'il s'est transfiguré sur le mont devant ses disciples [...]. C'est pourquoi il leur a donné sa chair et son sang immortel et impassible »). Voir encore *ibid.*, Sentences 27, l. 32 ; 138, l. 11-12 et 18-20 ; 194, l. 2-4 ; 274, l. 5-9 ; 375, l. 5-7.

donné son corps mortel et immortel à ses disciples en poursuivant une argumentation en tous points semblables à l'école de Laon [1].

Du fait de l'incorruptibilité du Christ, il en découle que le Christ n'est pas véritablement sacrifié durant la messe. Il est « immolé mystiquement pour nous quotidiennement » [2]. L'immolation est figurée et sert à commémorer le corps pendu sur la croix et le sang qui coula de son flanc. Les espèces sont mangées, mais la chose du sacrement, le corps du Christ, reste intacte [3]. Au moment de la consécration, rendue effective par les paroles du prêtre, la substance du pain disparaît au profit de celle du corps du Christ ; il ne reste plus que les aspects du pain, la forme, l'odeur et le goût [4]. Ce sont ces accidents qui sont mâchés par les fidèles et qui peuvent se corrompre [5]. Les indignes, quant à eux, ne reçoivent pas la substance du corps du Christ, qui demeure ainsi protégé d'une mauvaise absorption, de la même manière que Judas ne se condamna pas parce qu'il reçut quelque chose de mal, mais parce qu'il reçut avec de mauvaises intentions [6]. Ce corps ne peut pas être contaminé par une absorption malhonnête ou ne peut subir le fait d'être mangé par des animaux [7]. Pour recevoir le corps et donc l'effet qui en résulte, à savoir la vie éternelle grâce à l'union avec le Christ, sept dispositions sont nécessaires : « la foi, la pensée fréquente, l'intelligence, la

1. Hugues de Saint-Victor, *De sacramentis christiane fidei*, II, 8, ch. 3 (PL CLXXVI cols 0462D-0464C).

2. O. Lottin, *ibid.*, Sentence 229, l. 80-81 : « *Christus mystice pro nobis immolatur intra catholicam ecclesiam* », et *ibid.*, Sentence 138.

3. *Ibid.*, Sentence 62, l. 5-9 : « [...] *in illa commemoratione quod corpus in cruce penderet, sanguis exiuit [...]. Credendum est itaque quod species ille franguntur, dentibus teruntur, res enim sacramenti, scilicet dominicum corpus integrum remanet* » (« [...] dans cette commémoration du corps qui pendit sur la croix, du sang qui coula [...]. C'est pourquoi il faut croire que les espèces sont brisées, mâchées par les dents, mais la chose du sacrement, c'est-à-dire le corps du Seigneur, reste intègre »).

4. *Ibid.*, Sentence 136, l. 2-3 : « [...] *panis in verum corpus Christi convertatur ita ut substantia panis non remaneat* » (« [...] le pain est converti en vrai corps du Christ de sorte que la substance du pain ne reste pas ») ; *ibid.*, Sentence 139, l. 3-4 : « [...] *nichil ibi de pristina materia remanet nisi specie tantum et odore et gustu* » (« [...] il ne reste rien de la matière précédente sauf l'aspect, l'odeur et le goût »).

5. *Ibid.*, Sentences 27 et 272.

6. *Ibid.*, Sentence 229, l. 55-68.

7. *Ibid.*, Sentence 139, l. 40-44 : « [...] *corpus qui sol iustitie est non immundari vel contaminari potest, sive a peccatoribus accipiatur sive ab immundis animalibus corrodi videatur* » (« [...] ce corps qui est la seule justice ne peut être sali ou contaminé en étant reçu par des pécheurs ou en semblant être corrompu par des animaux immondes »).

mémoire, l'amour, l'imitation, la cohésion ou l'adhérence au Christ »[1]. Chez les autres auteurs, la liste est moins longue. Chez Guibert par exemple, comme nous le verrons, elle se résume à trois éléments.

Dans chacune des deux espèces se trouve l'intégralité du corps du Christ, cependant chaque espèce possède une *virtus* propre : par l'absorption de la chair, la chair du fidèle est délivrée et par l'absorption du sang, son âme est délivrée[2]. Ce ne sont pas des bouts de sa chair que le fidèle absorbe, mais bien le Christ présent en entier, présent par ses deux natures d'homme et de Dieu dans le pain et dans le vin. Cependant, il est nécessaire de prendre les deux espèces, l'une en mémoire de la chair sur la croix, l'autre en mémoire du sang versé.

L'école de Laon a également un avis sur la valeur des sacrements conférés par un prêtre hérétique. Ce point n'était pourtant pas encore très discuté à l'époque, car pour tous, le sacrement reste valable, même s'il est administré par un prêtre indigne ou hérétique[3]. Alger de Liège, nous l'avons vu, mentionne les fausses opinions à ce sujet, mais il ne nous en reste pas de témoignage écrit, sauf celui de Guibert, comme nous le verrons. L'école de Laon, qui ne s'attarde pas sur le sujet, estime que les prêtres ordonnés, même s'ils sont hérétiques, rendent la consécration effective, le pain devient le corps. Cependant, les récipiendaires qui connaissent leur état d'hérétique, mais prennent quand même le sacrement de leurs mains, se verront jugés pour cela.

1. *Ibid.*, Sentence 381, l. 1-3 : « *Ad corpus vero dominicum suscipiendum septem sunt necessaria : fides frequens cogitatio, intellectus, memoria, amor, imitatio, cohesio vel adherere christo* ».

2. *Ibid.*, Sentence 229, l. 23-26 : « *Non tamen intelligendum est quod in sanguinis acceptione solam animam et non corpus, vel in acceptione corporis solum corpus et non animam, sed acceptione sanguinis totum Christum Deum et hominem, et etiam in acceptione corporis similiter totum accipiamus* » (« Il ne faut pas penser que par l'acceptation du sang nous recevons l'âme seule et non le corps ou que par l'acceptation du corps nous recevons le corps seul et non l'âme, mais par l'acceptation du sang nous recevons tout le Christ Dieu et homme et par l'acceptation du corps nous le recevons pareillement en entier ») ; Sentence 27, l. 3-8 : « *In duabus substantiis corporis scilicet et sanguinis Deus hoc sacrificium instituit ut per carnem in altari ostenderet se redimere carnem nostram [...] et per sanguinem qui sedes anime dicitur [...] se redemisse animam nostram* » (« Dieu a institué ce sacrifice par deux substances, à savoir le corps et le sang, pour montrer qu'il remet par sa chair sur l'autel notre chair et par le sang, qui est appelé le siège de l'âme, il rachète notre âme »). Voir encore *ibid.*, Sentences 62, l. 1-3 ; 139, l. 34-35 ; 375, l. 20-25.

3. L. Brigué, *op. cit.*, p. 72.

Ainsi, l'école de Laon développe une vision particulière de l'eucharistie, orientée sur la notion de mystère. Elle insiste surtout sur l'incorruptibilité du Christ dans l'eucharistie, tout en suivant une conception « réaliste » du sacrement.

CHAPITRE II

LA DOCTRINE DE L'EUCHARISTIE DE GUIBERT DE NOGENT

ANALYSE ET INTERPRÉTATION

Au regard de ce que nous avons dégagé dans le chapitre précédent, il faut à présent mettre en perspective les idées de Guibert avec les auteurs du XIe siècle afin de mieux saisir dans quelle lignée s'inscrit sa conception de l'eucharistie.

Dans le *De pigneribus*, Guibet établit un lien entre la présence du Christ dans l'eucharistie et ses reliques. En effet, il est impossible que le Christ soit présent au côté des hommes par le mystère eucharistique et par son corps historique. Il ne subsiste sur terre qu'un seul corps, celui du sacrement. Un autre auteur s'est également penché sur la question des reliques, Thiofrid d'Echternach qui rédige les *Flores epytaphii sanctorum* [1] environ une décennie avant la composition du traité de Guibert. Ce texte-ci offre davantage une réflexion sur le culte des reliques des saints qu'une critique. Il s'agit avant tout, comme le résume Michele Camillo Ferrari, d'un « hommage aux saints en général et aux reliques en particulier » [2]. Ainsi que Guibert l'a fait au livre 1 [3], Thiofrid traite, dans son livre 2, de l'incohérence des riches ornements des tombeaux et des

1. Thiofrid d'Echternach, *Flores epytaphii sanctorum*, (CCCM, CXXXIII), éd. M.C. Ferrari, Turnhout, Brepols, 1996. Concernant l'analyse de ce texte, voir M.C. Ferrari, « *Lemmata sanctorum*. Thiofrid d'Echternach et le discours sur les reliques au XIIe siècle », *Cahiers de Civilisation Médiévale*, t. XXXVIII, 1995, p. 215-225. Klaus Guth, dans sa thèse sur Guibert de Nogent et les reliques, étudie également les *Flores epitaphii sanctorum* et compare ce texte avec le *De pigeribus*. K. Guth, *op. cit.*, p. 111-128.

2. M.C. Ferrari, *op. cit.*, p. 216.

3. Voir *supra*, p. 27-28.

tombeaux et des châsses des saints. Ces derniers recherchaient la pauvreté pour s'attacher à la dévotion au Christ et chercher les richesses célestes [1]. Et un peu de même que Guibert, Thiofrid est amené, en traitant du problème des reliques, à examiner leur rapport avec l'eucharistie. Il s'attaque à l'hérésie bérengarienne [2] et effectue à plusieurs reprises des comparaisons entre les reliques et le saint sacrement [3]. En revanche, Thiofrid ne traite que des reliques des saints et ne mentionne pas celles du Christ. Guibert fait figure d'exception à ce sujet, d'autant qu'il va jusqu'à rejeter la possibilité d'existence de restes du Sauveur. Il faut attendre Calvin et son *Traité des reliques* paru en 1543 pour avoir à nouveau une condamnation des reliques des saints et du Christ [4].

Guibert de Nogent part donc du postulat que le Christ est ressuscité intégralement, même avec les restes de son corps d'enfant, pour montrer qu'il ne peut, par conséquent, y avoir de ses reliques et que ce corps historique désormais glorieux au ciel, n'est pas celui qui est présent dans l'eucharistie. Guibert rejette l'identité des deux corps, mais il se montre extrêmement ambigu à ce sujet. Nous allons tenter de comprendre ce qu'il entend exactement par la notion d'identité vicariale.

Dans son article sur la conception de l'eucharistie de Guibert de Nogent, Josef Geiselmann mentionne deux théologiens ayant des opinions contraires. Hugo Hurter estime que Guibert montre la présence réelle du corps contre Bérenger, tandis que M. de la Taille estime qu'il tend vers une théorie de la dualité [5]. Geiselmann, quant à lui, admet que Guibert effectue une différenciation entre le corps principal et le sacramentel, mais il y a tout de même identité : « Seinem Wesen ist ihm das vicarium corpus mit dem corpus principale identisch » [6]. Pour le prouver, il s'appuie sur ce que dit

1. Thiofrid d'Echternach, *op.cit.*, II, 4 ; II, 6, l. 15-22.

2. *Ibid.*, IV, 2, l. 203-215.

3. *Ibid.*, III, 1, l. 77-94, entre autres.

4. Jean Calvin, *Traité des reliques*, éd. I. Backus, Genève, Labor et Fides, 2000. Malgré de troublantes similarités, il semblerait que Calvin n'eut pas la connaissance du traité de Guibert. Il se réfère à Augustin qui dénonce les abus et les tromperies dus au culte des reliques (p. 19). Il mentionne, entre autres, les mêmes reliques du Christ que Guibert, à savoir les dents et le prépuce (p. 26), ainsi que les nombreuses têtes de saint Jean-Baptiste (p. 54-55). Pour montrer l'absurdité d'un tel culte, Calvin s'applique essentiellement à montrer les multiplications éhontées des reliques.

5. H. Hurter, *Nomenclator*, IV, col. 8 ; M. de la Taille, *Mysterium fidei*, Paris, 1921, p. 626. Nous n'avons pas pu consulter ces deux ouvrages. Voir J. Geiselmann, « Die Stellung... », *op. cit.*, p. 67-68.

6. *Ibid.*, p. 84.

Guibert dans son prologue : « *a me saepe numero identitas enuntiatur* » [1], en réponse à une critique au sujet du terme *vicarium* qui supposerait une hiérarchie par rapport à ce qui est remplacé. De plus, Geiselmann ajoute que, même si Guibert parle de corps bipartite, les deux corps n'en font qu'un seul : « Und wenn er auch von einem corpus bipartitum spricht, so wird doch auch in dem historischen gegenüberstehenden sakramentalen Leibe unter der Hülle von Brot und Wein die allerreinste Wahrheit wirklich » [2]. Comme tous les spécialistes qui ont résumé la conception de l'eucharistie de Guibert s'appuient sur Geiselmann, cette pensée persiste. Nous la retrouvons, par exemple, chez Burkhard Neunhauser qui estime que Guibert s'efforça de préciser la différence entre les deux corps, tout en maintenant l'identité [3]. Après l'article de Geiselmann, seul Henri de Lubac signale la distinction des deux corps effectuée par Guibert de Nogent [4]. Il ajoute que le « *vicarium corpus* » de Guibert « conserve encore quelque attache au vocabulaire du culte des images ; son corrélatif "corpus principale" est la traduction du grec πρωτοτυπον par quoi l'on désignait l'original dont l'image était la copie » [5]. Ceci offre un premier argument dans le sens d'une non-identité entre les deux corps, puisque l'image n'est pas l'original. Mais voyons dans le détail ce que le texte de Guibert explique à ce sujet, en considérant tout d'abord les éléments qui semblent tendre vers une non-identité, puis ceux qui l'atténuent.

Premièrement, le titre *de corpore bipartito* semble indiquer clairement une prise de position qui va dans le sens d'une séparation nette entre les deux corps. Guibert explique, en effet, ce qu'il entend par les deux parties de ce corps : « Nous avons donc commencé à parler des *deux parties* du corps du Seigneur que nous avons appelées corps principal [...] et corps mystique » (189-191). À la fin du livre 2, Guibert déclare que le Christ a eu en tout trois corps : le principal, le glorifié et le mystique. Les deux premiers ne forment qu'un seul corps, puisque le principal, qui est le corps du Verbe incarné, est désormais glorifié à la droite du Père. Puis, il y a le corps mystique, mangé par les fidèles, vicaire du premier corps. Ainsi, dans sa conception, il y a finalement deux corps, d'où le titre du livre. En revanche, dans la conception de Lanfranc, les trois corps n'en forment

1. Guibert de Nogent, *De pigneribus*, *op.cit.*, « Préface », 27. J. Geiselmann, *op. cit.*, p. 84.

2. *Ibid.*

3. B. Neunheuser, *Eucharistie in Mittelalter und Neuzeit*, Freibug-im-Brisgau, Basel, Wien, Herder, 1963, p. 26.

4. H. de Lubac, *Corpus mysticum. L'Eucharistie et l'Église au Moyen Âge* (1944), 2e éd. revue et augmentée, Paris, Éditions Montaigne, 1949, p. 89 ; 93.

5. *Ibid.*, p. 93.

qu'un seul : le corps historique siège au ciel et est en même temps mangé par les fidèles. Bérenger, quant à lui, en perçoit également deux : celui qui ressuscita et siège glorifié au ciel et celui qui est présent dans le sacrement, signe du premier corps.

De plus, les termes relevés dans le texte, surtout au début, tendent également à rejeter l'identité. Bien qu'il insiste sur le fait que les deux corps possèdent la même « vérité » (26-31), il déclare néanmoins que le corps principal est présent « en figure » sous les apparences du pain et du vin ; il se trouve « *sub figura* » dans les espèces eucharistiques (30), « sa chair [est] figurée par l'hostie » (71). Il déclare également que ce corps sacramentel est une « ombre », qui se rapporte à un « objet signifié » et que la vérité est donnée « d'une manière figurative ». Et surtout, il choisit de nommer le corps sacramentel « corps figuré » ou « mystique ». Le « corps mystique » fait référence à la doctrine de Ratramne et nous avons vu le débat qu'il y eut durant la controverse du XIe siècle autour du substantif « figure ». Dans la suite du texte, Guibert continue d'utiliser les termes, « *umbratice* » (677) et « *pignus* » (395). Ratramne, tout particulièrement, utilise « *pignus* » dans le contexte eucharistique à plusieurs reprises [1]. Nous trouvons tous ces termes condamnés au concile de Verceil de 1050, comme nous l'avons mentionné plus haut [2]. Nous avons signalé plus haut que ceux qui rejettent l'identité des deux corps ne peuvent voir la présence du Christ que comme une « figure » ou un « signe » du corps [3].

Cependant, Guibert n'est pas toujours clair et certains passages peuvent déconcerter par leur opposition à une conception « spiritualiste ». Il déclare que la présence du Christ dans l'eucharistie est réelle, sinon elle ne serait rien de plus qu'un objet rappelant une personne absente (23-25). La prise du sacrement réalise un partage avec « [la] chair et [le] sang [du Christ] » (223). Guibert parle à plusieurs reprises du corps du Seigneur pris durant la communion et précise qu'il faut avoir la foi en ce corps pour en obtenir les effets. Toutefois, le corps est figure et vérité et Guibert critique ceux qui « veulent que ce corps soit une figure et non la vérité » (441-446), alors qu'il le nomme corps « figuré ».

La position de Guibert n'est pas évidente et l'une de ses phrases illustre particulièrement son ambiguïté : « quelle que soit la vérité que reçoit celui qui descend du premier d'une manière figurative, c'est principalement le premier qui est vrai » (30-31). Pour reprendre les termes de la controverse, le corps du Christ, d'après Guibert, est donné *in figura* mais néanmoins

1. Ratramne, *op. cit.*, p. 56.
2. *Supra*, p. 119.
3. *Supra*, p. 123.

quand même *in veritate*. D'un côté, il considère la présence dans les espèces comme une figure du corps du Christ. D'un autre côté, il insiste sur la vérité de cette présence qui n'est pas le corps historique, mais un remplaçant possédant la même substance. Nous pensons que par sa notion d'identité vicariale il tente, influencé par l'école de Laon, de concilier les positions de Lanfranc et de Bérenger en insistant particulièrement sur l'incorruptibilité du Christ dans l'eucharistie. Pour lui, au moment de la consécration, une substance est « appliquée à l'espèce [eucharistique] par Dieu » (534-535) au travers des paroles de l'institution eucharistique. Cette substance « qui est devenue corps du Fils de Dieu par la plénitude de l'Esprit et par l'identification de la personne du Fils » (258) est le corps vicarial du corps historique ; ce n'est donc pas tout à fait le corps historique ainsi que les « réalistes » le pensent. Guibert de Nogent tente ainsi de définir ce que Lanfranc et ses suiveurs n'ont pas réussi à faire, c'est-à-dire expliquer la différence entre ces deux corps. En effet, soutenir que c'est la vraie chair et le vrai sang du Christ engendre naturellement de vives réactions, telle celle de Bérenger.

Il semble que Guibert invente la notion d'« identité vicariale » à la lecture d'un passage de Lanfranc. Celui-ci tente d'expliquer la différence entre chair et corps, en distinguant « essences principales » et « essences secondaires » pour soutenir que le Christ est mangé sans être touché [1]. Lanfranc n'a pas tout à fait résolu le problème, puisque la substance du Christ dans le sacrement est la même que celle qui réside au ciel. Il est donc toujours aussi difficile de comprendre comment le Christ peut être mangé sans être souillé. Guibert, d'une certaine manière, dédouble la substance du corps ; l'une demeure au ciel et l'autre est présente dans le sacrement. L'invention de cette notion lui permet donc de concilier les deux positions, à savoir que ce n'est pas le corps historique qui est mangé par les fidèles, puisqu'il siège à la droite du Père, en paix, incorruptible et intact. Mais en même temps, il met dans le sacrement une réalité plus forte que ne l'a fait Bérenger. Il distingue donc ces deux corps, contrairement à ce qu'affirmait Geiselmann, bien que le corps sacramentel possède l'essence du corps historique. La chair et le sang du Christ ne sont pas réellement broyés, puisque cette nourriture est destinée à « l'homme intérieur » (114) « pour la contemplation intérieure » (137). Le corps du Christ est mangé en entier, mais d'après le « sens intérieur » (116), d'après « l'oeil intérieur » (133). Le corps n'est pas mangé par les sens de l'homme, mais il vient en pensée pour nourrir l'homme intérieur, celui qui est capable de dépasser les choses

1. Voir *supra*, p. 129-130.

visibles pour accéder à la réalité invisible divine. L'expression « homme intérieur » se trouve originellement dans les lettres de Paul[1] et fut développée par saint Augustin, comme nous l'avons mentionné précédemment[2]. Chez Guibert, on la retrouve dans plusieurs de ses œuvres[3], en particulier dans le *De Vita sua* où il nous apprend qu'il reçut l'enseignement de cette notion par Anselme de Canterbury[4]. Il rejoint tout à fait Bérenger, qui estimait que le sacrement nourrit l'homme intérieur.

Pour Guibert, identifier le corps sacramentel au corps historique, c'est percevoir le corps sacramentel comme un corps passible et uniquement humain, ce qui serait une lourde erreur. Il insiste sur le fait que ce corps possède la nature humaine et la nature divine du Christ ; toute la divinité est introduite dans le corps sacramentel. Cette insistance vient probablement du fait que la réalité partielle sur l'autel, définie par Lanfranc et qui comprend la « chair » et le « sang » présents dans les espèces, peut être comprise comme la nature humaine du Christ. Guibert, qui tient à prouver que le Christ reste incorruptible au ciel malgré sa présence dans le sacrement, réfute totalement cette idée. Il développe en effet très longuement ce point et utilise les arguments avancés par l'école de Laon. Le fidèle mange le corps vivant du Christ, puisque celui-ci n'est jamais mort. Il s'est donné à ses disciples dans un état incorruptible, tel qu'il s'est montré au moment de la transfiguration, et non dans l'état corruptible de l'homme qui allait mourir.

Un autre argument permet d'affirmer que Guibert distingue corps sacramentel et corps principal. Pour lui, le corps sacrifié durant la célébration de la messe n'est pas le même que le corps principal. Comme nous l'avons vu au chapitre précédent, les auteurs qui croient en la présence du corps charnel du Christ pensent, par conséquent, que le Christ est sacrifié à chaque fois que le rite eucharistique a lieu, étant donnée la présence réelle de son corps. Guibert, grâce au raisonnement par l'absurde, démontre que le corps principal n'est pas le même que le corps sacramentel. Il part du fait que son destinataire identifie le corps sacramentel au corps historique, donc la proposition contraire à celle qu'il souhaite prouver et démontre qu'elle mène à une contradiction logique. Ainsi, son postulat de départ est faux et il prouve qu'indéniablement les deux corps ne peuvent pas être identiques (722-738). Sur ce point encore, Guibert se rapproche de Bérenger, en refusant de considérer que le Christ

1. Eph. 3, 16 ; Rom. 7, 22 ; II Cor., 4, 16. K. Guth, *op. cit.*, p. 55.
2. *Supra*, p. 33.
3. K. Guth, *op. cit.*, p. 55.
4. *Ibid.* ; Guibert de Nogent, *Autobiographie*, *op. cit.*, p. 140.

est à nouveau immolé sur l'autel. Pour lui, le sacrifice eucharistique commémore l'unique crucifixion du Christ qui apporta notre salut. Il est inadmissible de prétendre que le Christ souffre continuellement pour notre salut. Ce serait affaiblir la force de la divinité et du Nouveau Testament. Il n'a souffert qu'une seule fois sur la croix. Guibert reprend la comparaison entre l'Ancien et le Nouveau Testament, effectuée depuis les Pères de l'Église pour montrer la nette supériorité du Nouveau Testament, vecteur de la grâce et du salut, sur l'Ancien Testament. Dans le débat eucharistique, cette comparaison est utilisée comme argument prouvant que l'eucharistie n'est pas qu'une figure du corps du Christ. Le sacrement de l'Ancienne Loi, la manne du désert, est une ombre du sacrement eucharistique, qui, lui, est la vérité. Nous retrouvons ce parallélisme, comme nous allons le voir, dans le *De bucella* de Guibert. Cependant, dans le *De pigneribus*, ce parallèle est utilisé par l'auteur d'une manière plus originale, car il sert à souligner l'impossibilité de crucifixions quotidiennes subies par le Christ. Si tel était le cas, l'entrée annuelle du grand-prêtre dans le temple serait plus exceptionnelle qu'une immolation quotidienne. Or, la valeur du Nouveau Testament étant plus importante, le Christ ne fut crucifié qu'une fois.

Voyons maintenant ce que Guibert entend par la distinction entre *sacramentum* et *res sacramenti*. Comme nous l'avons vu, pour Lanfranc, Guitmond d'Aversa et Alger de Liège, le *sacramentum* désigne les espèces eucharistiques, tandis que la *res sacrementi* est le corps du Christ. Chez Bérenger, la *res* inclut le corps et les effets du sacrement. Pour Guibert, la *res* signifie surtout la *virtus* ou l'*effectus*. Le *sacramentum* est la partie visible du sacrement, soit le pain et le vin consacrés, la *res sacramenti* est « la vie éternelle » (245) reçue « dans le monde à venir » (392). À aucun moment, il ne dit explicitement que la *res* est le corps du Christ, mais il répète qu'elle assure le salut à ceux qui le méritent. Bien entendu, elle inclut implicitement aussi le corps du Christ. Guibert est donc l'un des seuls, outre Bérenger, à comprendre dans la *res* autant le corps que l'effet.

Ceci nous amène à la question de la valeur des sacrements chez les personnes indignes, point traité par Guibert d'une manière bien plus développée que ne l'ont fait ses prédécesseurs. Le but du sacrement eucharistique est triple : se consoler de l'absence du Christ sur terre, se souvenir de lui et éprouver la foi (412-414). Seul un chrétien fidèle réunit ces trois sentiments, et c'est à lui que s'adresse la chose du sacrement. Dès l'absorption de l'hostie, il se produit, par l'incorporation du Christ, une union avec lui et, par là, l'obtention de la vie éternelle. Guibert ne dit pas qu'il faut manger la chair du Christ, mais que manger signifie « prendre exemple sur la vie de Jésus» (369). Cette nourriture divine, c'est-à-dire sacrement et chose du sacrement, ne s'adresse qu'aux élus, puisqu'eux seuls en bénéficieront. Cette grâce peut être «emmagasinée»; il faut la recevoir une fois dignement pour accéder au salut éternel (394-395). Donc, pour recevoir la chose du sacrement, la foi est nécessaire par-dessus tout.

Que reçoit un indigne, ou un infidèle, ou encore un chrétien détourné de Dieu ? Ces pesonnes ne prennent que la partie visible du sacrement. Dans la pensée de Guibert, le prêtre consacre toutes les hosties, mais au moment où un indigne s'en approche, la chose du sacrement retourne d'où elle vient. Elle revient dans le corps de Dieu, qui se préserve ainsi de toute atteinte. L'indigne ne reçoit pas la chose du sacrement, et par là se condamne, selon la parole de Paul «celui qui mange ce même corps indignement mange certainement son jugement»[1]. Le corps vicarial se retire, la grâce n'est plus présente, le sacrement n'est alors ni une «chose sacrée», ni un «mystère» et l'indigne en subit les conséquences (347-348).

Guibert est le premier à développer aussi longuement la question de la valeur du sacrement chez un indigne[2]. Lanfranc a abordé ce sujet très brièvement, Alger s'est attardé à peine plus longuement, et Guitmond davantage. Chez d'autres auteurs de la période, nous ne retrouvons pas non plus un tel épanchement sur la question. À nouveau encore, la pensée de Guibert rejoint celle de Bérenger. Les deux prétendent qu'un indigne ne reçoit que le *sacramentum* sans la *res*. Le corps du Christ ne peut pénétrer dans un cœur souillé, car ce serait le rendre passible. Guibert prend comme autorité Cyprien[3]. L'école de Laon avait la même vision, contraire à celle de Lanfranc, Guitmond et Alger. Ces deux derniers dénoncent ceux qui pensent que la *res sacramenti* se retire face à un indigne[4]. Leurs textes permet de comprendre l'insistance de Guibert sur le fait que les indignes prennent quand même le *sacramentum*. En effet, pour Guitmond et pour Alger, les indignes ne peuvent pas recevoir du pain et du vin ordinaires. Guibert leur répond qu'ils ne reçoivent pas la *res*, mais ils prennent quand même le *sacramentum*. À ce stade, il n'est pas aisé de saisir pleinement ce que peut être pour Guibert le *sacramentum* si ce n'est pas uniquement du pain et du vin. En tout cas, ils le reçoivent pour leur condamnation. De plus, un si grand sacrement ne peut être à ce point inconstant : être le corps et l'effet salutaire pour les uns, n'être que du pain pour les autres. Il n'en

1. I Cor. 11, 29.

2. Son argumentation est comprise dans les sept objections et s'insère également dans les paragraphes suivants.

3. *Supra*, p. 85.

4. Guitmond d'Aversa, *op. cit.*, p. 282 ; Alger de Liège, *op. cit.*, col. 0740C.

demeure pas moins que la défense de Guibert reste bancale sur ce point. Cependant, il connaissait les objections que sa conception provoquait. Léon Brigué, lorsqu'il commente le passage d'Alger énonçant les erreurs commises par certains, signale que le nom et l'importance des partisans de la thèse selon laquelle le Christ n'est pas substantiellement présent lors de la communion d'un indigne sont inconnus. Pourtant, deux exemples nous sont désormais connus : Guibert de Nogent et l'école de Laon. Guibert et Guitmond utilisent le même exemple, l'histoire du vieillard qui vit des charbons se substituer à l'hostie dans la bouche de personnes indignes [1]. Mais l'un et l'autre l'utilisent dans un sens opposé. Guitmond critique ceux qui, comme Guibert, utilisent cette anecdote comme preuve que les indignes ne reçoivent pas la *res sacramenti.* Selon lui, ce miracle ne démontre que l'indignité des personnes. Guibert se situe donc bel et bien à contresens des « réalistes ».

Il est un point que Guibert n'a pas traité, celui du stercoranisme : que devient le corps du Christ une fois absorbé par les fidèles ? Bérenger incluait ce cas dans le même registre que celui des accidents de l'hostie ou de l'absorption par les animaux. L'hostie étant soumise à la digestion, il est difficilement imaginable que le corps du Christ suive le même parcours intestinal que les autres aliments [2]. Cette question fut surtout traitée par Alger de Liège, qui considère que l'hostie est une nourriture spirituelle uniquement [3] et que, par conséquent, elle n'est pas digérée de la même manière que les autres aliments [4]. On peut imaginer que, pour Guibert, l'hostie est digérée sans porter dommage au Christ, étant donné qu'elle ne contient pas son vrai corps, mais son vicaire.

Parallèlement à la communion d'un indigne, Guitmond et Alger, comme Guibert de Nogent, ont discuté de la validité du sacrement administré par un prêtre indigne ou hérétique. Les deux premiers, ainsi que l'école de Laon, estiment que le ministre rend effective la transformation de l'espèce en corps, quelles que soient ses dispositions d'âme. Pour Guibert, au contraire, un ministre indigne ne produit rien. Sa pensée se retrouve à nouveau mentionnée parmi les erreurs contres lesquelles s'indignent Guitmond et Alger. Nous ne connaissons pas d'autres auteurs qui possèdent à cet égard la même opinion que Guibert, lequel pense sur ce point différemment de l'école de Laon.

1. Voir *supra*, p. 95 et 134-135.
2. J. de Montclos, *Lanfranc…*, *op. cit.*, p. 144.
3. Alger de Liège, *op. cit.*, col. 0772C.
4. *Ibid.*, col. 776C-D.

Traiter de la communion des indignes amène Guibert à effectuer un parallèle avec les cas des ordinations. Comme pour les autres sacrements, le problème se pose de deux manières : lorsque l'officiant est indigne et lorsque celui qui reçoit l'ordination l'est. Irène Rosier-Catach traite des problèmes soulevés par cette question durant le Moyen-Âge [1]. Des débats relatifs à la validité du baptême conféré par un hérétique eurent lieu dès les premiers temps de l'Église [2]. En général, il est admis que les sacrements conférés par un ministre sont toujours valables, étant donné qu'il agit au nom du Christ. En 1208, Innocent III affirme la position officielle : « Qu'un évêque ou un prêtre soit mauvais ne nuit ni au baptême d'un enfant, ni à la consécration de l'eucharistie, ni aux autres fonctions ecclésiastiques accomplies pour les fidèles. [...] Dans ce sacrifice [de la consécration], nous croyons qu'un bon prêtre ne réalise pas plus, ni un mauvais prêtre moins, car ce n'est pas le mérite de celui qui consacre mais la parole du Créateur et la vertu du Saint-Esprit qui opèrent » [3]. Guibert, à nouveau, s'écarte de la doctrine de l'Église. Un sacrement (baptême, communion ou ordination) conféré par un prêtre indigne ou hérétique n'est rendu valide que par la foi du récipiendaire et non par l'action du ministre. Sur ce point particulièrement, Guibert adopte une position semblable à celle que soutiendront des groupes jugés hérétiques par l'Église, tels les Cathares ou les Vaudois [4].

En outre, il insiste tout particulièrement sur le fait que seul Dieu doit juger si les hommes sont dignes ou indignes de recevoir le sacrement dans le cas des récipiendaires, ou de l'administrer dans les cas des prêtres. Son insistance est probablement une réaction contre l'un de ses plus fameux contemporains : Rupert de Deutz. Ce dernier se disputa sévèrement avec l'école de Laon sur la question de l'origine du mal en rejetant férocement la thèse selon laquelle « Dieu veut que le mal arrive » [5]. Du point de vue du sacrement eucharistique, Rupert de Deutz a une conception « réaliste », si ce n'est qu'il prône la théorie de l'impanation contestée par Guitmond [6]. Il affirme l'identité du corps sacramentel au corps historique, tout en insistant sur l'incorruptibilité du Christ au ciel [7]. Lors de la communion, les

1. I. Rosier-Catach, *op. cit.*, ch. 4, p. 263-351.

2. *Ibid.*, p. 264-265.

3. Cité par *ibid.*, p. 266.

4. *Ibid.*, p. 265.

5. J.-P. Bouhot, « Rupert de Deutz », dans *Dictionnaire du Moyen Âge*, C. Gauvard, A. de Libera et M. Zink (éd.), Paris, Presses universitaires de France, 2002, p. 1257-1258.

6. M. Rubin, *op. cit.*, p. 21 ; *supra*, p. 133.

7. Rupert de Deutz, *Liber de divinis officiis*, *op. cit.*, II, ch. 11, p. 45-46, l. 494-499 et II, ch. 9, p. 41, l. 381 : « [...] *in caelo et in hominibus integer permanet et inconsumptus* »

fidèles et les infidèles prennent la même chose, mais l'effet ne sera pas le même ; l'un recevra la vie et l'autre la condamnation [1]. Une fois consacré, le pain continue de rester le corps du Christ, quoiqu'il en soit. Il ne perd pas non plus sa vertu, mais il n'est pas utile aux indignes [2]. D'une certaine manière, il n'y a rien là de nouveau par rapport à ce que nous avons déjà vu. Cependant, et c'est contre quoi s'oppose Guibert, Rupert estime que le sacrement ne doit pas être donné aux indignes [3]. Il incombe par conséquent aux hommes qui s'estiment dignes de juger de la dignité ou non d'une autre personne. C'est probablement en référence à Rupert que Guibert insiste sur l'incapacité des hommes à juger les autres et qu'il utilise à ce propos la parabole de Salomon (513-528). Dieu seul peut juger et aucun homme ne connaît le sort que Dieu a décidé, ni pour les autres, ni pour lui-même.

Nous avons déjà relevé l'insistance particulière de Guibert sur l'incorruptibilité du Christ. Nous avons également vu que ce point fut un élément majeur lors des discussions eucharistiques du XIe siècle, puisque Bérenger en faisait son argument principal : le corps ne peut être présent substantiellement dans le pain, car sinon ce serait rendre corruptible le Christ, en étant absorbé par les hommes ou par les animaux et en étant soumis à divers aléas. Nous avons également relevé l'influence de l'école de Laon sur Guibert de Nogent à propos du fait que le Christ s'est donné dans un état incorruptible à ses apôtres au moment de la Cène. Nous pensons que l'insistance de Guibert à ce sujet le rapproche de Bérenger. Mais sa position est une nouvelle fois ambiguë, car son insistance peut soit être une réaction contre Bérenger en démontrant que le Christ ne peut être soumis à la corruption mais qu'il est tout de même réellement présent, soit aller dans le sens de Bérenger, en démontrant que le Christ n'est pas réellement présent, ce qui garantit son incorruptibilité. Nous avons déjà

(« [...] il reste entier et non consumé au ciel et dans les hommes »). Cet ouvrage fut rédigé en 1111 (M. Rubin, *op. cit.*, p. 20).

1. Rupert de Deutz, *Commentaria in Evangelium Sancti Iohannis*, (CCCM, XV), éd. H. Haacke, Turnhout, Brepols, 1969, VI, p. 343, l. 1659-1664 : « [...] *corpus Domini boni et falsi christiani aequaliter ore percipiunt, [...] plus habet dignus ab indigno, quia hic in corpore Christi spiritum vivificantem, ille accipit solam sententiam iudicialem* » (« [...] les bons et les mauvais chrétiens prennent de la même manière par la bouche le corps du Seigneur, [...] le digne a plus que l'indigne, car il reçoit dans le corps du Christ l'esprit vivifiant, l'indigne reçoit seulement la sentence du jugement »).

2. *Ibid.*, l. 1650-1653 : « *Panis namque semel consecratus numquam postea virtutem sanctificationis amittit aut caro Christi esse desinit, sed non prodest quidquam indigno* [...] » (« En effet, le pain une fois consacré ne perd jamais la vertu de sanctification ni ne cesse d'être la chair du Christ, mais il n'est pas utile à l'indigne »).

3. *Ibid.*, l. 1649-1650 : « [...] *nemo indigne manducare debet* » (« [...] personne ne doit manger indignement »).

donné notre avis concernant l'opinion de Guibert quant à la présence du Christ dans l'eucharistie : ce n'est pas son corps historique, mais un corps remplaçant figuré. L'insistance toute particulière de Guibert sur l'incorruptibilité du Christ témoigne du fait qu'il estime que voir le véritable corps du Christ dans le sacrement serait le rendre corruptible. Son opinion est ainsi la même que Bérenger. Pour celui-ci, le Christ est à la droite du Père et il ne quittera son trône qu'au moment du Jugement dernier. Avant ce moment, la présence du Christ sur terre est impossible : « [...] la chair du Christ, qui se trouve depuis mille ans dans un état d'immortalité complète et qui ne peut commencer à exister partout, ne devient pas du pain à travers la génération de ses sujets et à travers la corruption du pain des sujets, de sorte qu'elle commencerait à être à nouveau rendue et détruite. La chair ne peut être supprimée, puisqu'elle est immortelle et incorruptible [...] » [1].

Il nous reste un dernier point à soulever concernant les propos de Guibert dans le deuxième livre du *De pigneribus*. Aux lignes 345-347, il donne les trois significations du sacrement : un serment, une chose sacrée et un mystère. Ces trois sens se trouvent chez Isidore de Séville : « Le sacrement est un gage de promesse et il est appelé sacrement parce que violer ce que quelqu'un a promis est un acte perfide » [2] ; « Dans une célébration, le sacrement consiste à faire quelque chose pour qu'il soit compris comme signifiant quelque chose, qui est à recevoir avec sainteté » [3] ; « Pour cela, les sacrements sont appelés ainsi, parce que sous le voile des choses corporelles, la vertu divine donne en secret un pouvoir salvateur à ces sacrements. Ils sont donc appelés sacrements pour leurs vertus secrètes ou sacrées » [4]. Il est tout à fait étonnant que Guibert reprenne Isidore de Séville. En effet, la définition du sacrement orientée vers la notion de mystère, de secret sacré, perdure jusqu'à la controverse eucha-

1. Bérenger, *Rescriptum*, *op. cit.*, l. 1539-1544 « [...] *non ergo caro Christi, quae per mille iam annos tota constat inmortalitate, nec potest usquequaque nunc incipere esse, fit de pane per generationem subiecti sui et corruptionem subiecti ipsius panis, quia caro illa nec absumi potest, quia immortalis et incorruptibilis est, ut destructa et restituta, iterum esse incipiat* [...] ».

2. Isidore de Séville, *Etymologiae*, V, ch. 24, 31 (PL LXXXII col. 0206B) : « *Sacramentum est pignus sponsionis, vocatum autum sacramentum, quia violare quod quisque promittit, perfidiae est* ». C'est le sens de « serment » donné par Guibert.

3. *Ibid.*, VI, ch. 19, 39, col. 0255C : « *Sacramentum est in aliqua celebratione, cum res gesta ita fit ut aliquid significare intelligitur, quod sancte accipiendum est* ».

4. *Ibid.* : « *Quae ob id sacramenta dicuntur, quia sub tegumento corporalium rerum virtus divina secretius salutum eorundem sacramentorum operatur, unde et a secretis virtutibus, vel a sacris sacramenta dicuntur* ».

ristique du XIe siècle. Nous avons peu développé cela au chapitre précédent, mais Bérenger souhaite justement revenir à la définition du sacrement donnée par Augustin comme signe sacré (*sacrum signum*) pour démontrer que le sacrement de l'eucharistie est un signe du corps du Christ. Lanfranc s'est accordé sur Bérenger en reprenant également la définition augustinienne, mais pour lui le sacrement eucharistique est le signe et le signifié, il est le signe du corps du Christ et il est le corps du Christ. Guibert est selon toute vraisemblance le seul à cette période à revenir sur la définition isidorienne du sacrement. Quelle est en la raison ? Il est difficile de répondre, mais Guibert, ayant un demi-siècle de recul sur la dispute entre Bérenger et Lanfranc, se dit probablement qu'adopter la définition augustinienne mène à une impasse. Revenir à une autre définition du sacrement lui permet de ne pas rentrer à nouveau dans les mêmes détours que ses prédécesseurs. Le sacrement n'est pas à considérer comme un signe du corps, ni comme le corps lui-même, mais comme une célébration mystérieuse. La notion de mystère du sacrement est extrêmement forte chez Guibert. D'une part, il nomme le corps eucharistique *corpus mysticum*, et d'autre part, le mot « mystère » apparaît pas moins de vingt-quatre fois dans le deuxième livre. Il rejoint probablement Lanfranc qui déclare qu'il ne sert à rien de chercher à comprendre comment le Christ est présent puisque c'est avant tout une question de foi [1]. C'est sans doute pour cette raison que Guibert reste ambigu quant à la question de la présence du Christ dans le sacrement. En revanche, ce dont il est certain, c'est que le Christ reste de toute manière incorruptible à la droite du Père ; il ne subit aucun dommage lié à la consommation du pain consacré sur terre.

Henri de Lubac, dans son ouvrage *Corpus mysticum*, analyse l'évolution de la signification de cette expression [2]. Il conclut que du début du christianisme jusqu'à la deuxième moitié du XIIe siècle, *corpus mysticum* désigne l'eucharistie et évolue ensuite pour signifier l'Église. Guibert n'est donc pas tout à fait isolé dans son utilisation du terme, mais il faut signaler à la suite d'Henri de Lubac, qu'après la tempête soulevée par Bérenger, le mot *corpus*, dans un emploi eucharistique, se dépouille de *mysticum* et tend à être suivi de *verum* ou de *Christi* [3]. Guibert n'emploie pas les usages habituels de son époque et choisit de revenir encore une fois à des emplois précédant la controverse.

1. Voir *supra*, p. 130.

2. H. de Lubac, *op. cit.* Voir aussi E.H. Kantorowicz, *Les deux corps du roi : essai sur la théologie politique au moyen âge*, trad. de l'anglais par J.-Ph. et N. Genet, Paris, Gallimard, 1989, p. 146-149.

3. H. de Lubac, *op. cit.*, p. 95 ; E.H. Kantorowicz, *op. cit.*, p. 147.

L'insistance sur la nécessité de la contemplation frappe à la lecture du *De pigneribus*. L'eucharistie sert à passer du visible – la matière du pain et du vin – à l'invisible – Dieu. Le Christ n'est pas présent en chair, mais à travers ce rite, le fidèle, par une élévation de l'esprit, possède la capacité de l'atteindre. Ceci apparaît chez Guibert comme le point central du mystère eucharistique (55-78 ; 771-784).

En définitive, le noyau du *De pigneribus* est réellement la question de l'eucharistie. Tous les livres convergent vers le livre 2. Les reliques du Christ ne peuvent exister en raison du sacrement de l'autel ; le Christ ne nous est rendu présent que par ce biais. Le livre 4 traite du monde intérieur et de la contemplation, moyen d'accès à Dieu au travers des espèces eucharistiques. Dans les livres 2 et 4, Guibert signale que la parole humaine est incapable d'exprimer la connaissance de Dieu, qui ne s'atteint que par la contemplation. Les critiques ont toujours déclaré que le livre 4 s'intègre mal dans l'ensemble du traité. Or, il nous semble qu'une étude plus approfondie de cette partie-ci révélerait la continuité du livre 4 avec la question eucharistique.

Nous avons vu que la conception de Guibert est loin d'être simple et tend à s'éloigner de ce qui est habituellement écrit à cette période. Pourtant, dans son autre écrit où il traite de l'eucharistie, il exprime des opinions claires, très différentes de ce que nous venons de voir et dans une langue fluide. Dans l'*Epistola de bucella Judae data et de veritate dominici corpus*[1], il consacre le chapitre 3 à énoncer plusieurs arguments contre ceux qui affirment que le Christ présent dans l'eucharistie est un signe (*signum*) et non la vérité (*veritas*). Si le corps eucharistique n'est qu'un signe, une ombre (*umbra*), le sacrement ne vaudrait pas davantage que les sacrifices de l'Ancien Testament et signifierait donc que le Nouveau n'aurait pas plus de valeur que l'Ancien. Si les espèces eucharistiques sont sur le même plan qu'une pierre, que du bois ou que d'autres objets qui sont les signes du Christ, comment pourraient-elles posséder une telle vertu et apporter la vie éternelle[2] ? Il demande encore comment une apparence ou une ombre peut être une vraie nourriture ou une vraie boisson. Le pain, lorsqu'il est vivifié par la sanctification, cesse d'être du pain pour devenir

1. L'édition de ce texte par R.B.C. Huygens se trouve dans le même ouvrage que l'édition du *De pigneribus* : Guibert de Nogent. *Quo ordine sermo…*, *op. cit.*, p. 65-77.

2. *Ibid.*, l. 127- 138, p. 69 : « *Quod si species est, et nil habet amplius quam petra, quae secundum apostolum Christus est, miror quare petras, ligna, et caetera quae Christum in Scripturis significare dicuntur, […] qua illam hostiolam panis ac vini quae in altari conficitur, quare non ea benedicta, ascripta, rata rursum pura, sancta et immaculata, vitae quoque aeternae altare per manus angeli sacerdotis precatione deferentur […] quare non iterum sanctificata, vivificata ac benedicta vocamus* ».

le corps du Christ. Les espèces sont changées substantiellement (*substantialiter*) en chair divine par les paroles du Seigneur. Après sa résurrection, le Christ n'a pas montré à ses disciples son état glorieux, mais l'état humain que ses disciples connurent, avec ses blessures, pour qu'ils le reconnaissent [1]. La transformation des espèces aboutit au corps divin et humain du Christ qui renouvelle sa présence sur terre pour consoler les hommes. Cette présence se réalise derrière les espèces eucharistiques pour exercer la foi. Ces deux derniers éléments se retrouvent dans le *De pigneribus*. Puis, aux chapitres 4 et 5, il commente longuement le premier livre des Rois et le glose. De la même manière que la veuve et Elie se nourrissent d'un peu d'huile et de farine durant plusieurs jours, l'Église nourrit tous les fidèles du corps du Christ. Une petite quantité devient une grande quantité.

De ce texte, les spécialistes se sont essentiellement occupés de la première partie, qui traite du problème de la bouchée de pain donnée à Judas lors de la sainte Cène. Cette question s'intègre dans le débat plus large portant sur la communion des indignes. Pour une étude détaillée sur ce sujet, nous renvoyons à l'article de Léon Brigué [2]. Tous les auteurs de la période de la controverse et du XIIe traitent la communion des indignes en prenant l'exemple particulier de Judas. Guibert y consacre un large développement dans le *De bucella*. Il cite Hilaire de Poitiers et Victor de Capoue qui ont affirmé que Judas, au moment où le Christ lui donna la communion à la Cène, ne reçut que du pain. Pour certains, le Seigneur donna à Judas un signe plutôt que la vérité de son corps. Selon Guibert, Judas a reçu la même chose que les autres, le Christ s'étant adressé à tous sans exception. Judas a mérité le diable davantage en raison de son impudence et de son incorrigibilité envers Dieu qu'en raison de sa prise indigne. L'apôtre qui a trahi le Christ a donc bel et bien communié, il a reçu le corps du Christ, mais le fruit du salut se transforma en condamnation en raison de son indignité.

Nous voyons donc que l'opinion de Guibert sur le cas de Judas contraste avec ce qu'il pense de la communion des indignes dans le *De pigneribus*. De manière générale, ce qu'il dit à propos du sacrement de l'eucharistie diffère également complètement. Dans le *De bucella*, il tient

1. Cet argument se retrouve dans le livre 3 du *De pigneribus*, lorsque Guibert objecte aux moines que le Christ n'a rien laissé sur terre. *Ibid.*, *op. cit.*, III, l. 499-507, p. 152.

2. L. Brigué, « Le communiant mal disposé reçoit-il vraiment le corps du Christ ? La question à la fin du XIe siècle », *Science religieuse. Travaux et recherches*. t. 31, 1943, p. 70-101. L'auteur mentionne également Guibert de Nogent et le problème de la bouchée donnée à Judas.

un discours tout à fait «réaliste», très proche de Lanfranc. Il utilise les mêmes termes, les mêmes arguments. Il reprend et développe longuement l'exemple de la veuve de Sarepta utilisé par Lanfranc pour montrer que le fidèle prend le corps du Christ et que ce dernier demeure tout de même intact au ciel. L'écart de conception sur l'eucharistie entre ces deux textes est énorme. Pour quelles raisons ? La rédaction du *De bucella* se situe entre 1104, puisque Guibert se désigne comme abbé de Nogent, et 1120, année durant laquelle le destinataire devient abbé de Saint-Vincent de Laon, puisque Guibert le nomme encore Siffroi, prieur de Saint-Nicolas. Huygens date le texte de peu avant 1120 sans toutefois donner d'arguments convaincants [1]. Il nous semble que vue la différence de contenu entre le *De bucella* et le *De pigneribus*, les deux ne peuvent avoir été composés à une date aussi rapprochée l'une de l'autre. Nous pencherons donc vers une date plus proche de 1104. Le changement de conception de Guibert provient sans doute de l'école de Laon et de son discours sur l'eucharistie basé essentiellement sur l'incorruptibilité et l'immortalité du Christ.

1. R.B.C. Huygens, « Introduction », *op. cit.*, p. 10; 28.

CONCLUSION

Dans le *De pigneribus*, Guibert en vient donc à traiter de l'eucharistie en raison de la contradiction qu'il observe entre l'existence de ce sacrement et l'existence de reliques du Christ. Ce dernier est présent sur terre uniquement par le biais du mystère eucharistique. Toute relique du Christ ne peut être vraie, étant donné qu'il a ressuscité intégralement, comme il nous l'a promis. Le Christ se trouve dans les espèces du pain et du vin, non par son corps né de la Vierge et crucifié, mais par un corps vicarial, c'est-à-dire non par son corps principal, mais par son corps figuré ou mystique. C'est une figure du corps du Christ qui possède les mêmes qualités que celui-ci. La substance divine est absorbée par les fidèles et nourrit l'homme intérieur. L'un des éléments essentiels de l'eucharistie est la notion de contemplation, qui permet de passer des choses visibles aux choses invisibles et par là d'accéder à Dieu en éprouvant la foi. Guibert ne prône pas la concomitance des espèces, puisque le pain et le vin possèdent chacun leur vertu propre. Le sacrement est un acte spirituel, dont le but est de s'unir au Christ et de prendre sa vie en exemple. L'abbé de Nogent défend avec ferveur l'incorruptibilité du Christ, qui, dans le sacrement, n'est pas atteint par une manducation infidèle, par l'absorption d'animaux ou par des accidents. Le corps du Christ se protège de toute atteinte, car il n'est présent que par une identité vicaire de son corps historique ; et de toute manière, lors de telles situations, la *res sacramenti* se retire afin de se protéger. Ici se trouve toute l'ambiguïté de Guibert. Il ne conçoit pas la présence du Christ comme la présence de son corps historique, mais en même temps, il insiste sur le fait que la *res sacramenti* se retire dans certains cas, ce qui suppose que son corps est présent dans les espèces et qu'il est susceptible de souffrir. Ce que nous pouvons affirmer, c'est que sur tous les points, Guibert a une conception de l'eucharistie opposée à celle des « réalistes ». Il ne les rejoint sur aucun point fondamental de la doctrine, que ce soit sur la manière dont le Christ est présent, sur la communion des indignes ou encore au sujet de l'immolation sacramentelle. Par contre, il est plus proche de Bérenger. Mais inscrire Guibert dans une lignée bérengarienne est hardi, d'autant plus que Josef Geiselmann, dans son étude consacrée à la conception de Guibert, le positionne dans une perspective anti-bérengarienne. Il prend pour preuve des exemples que nous avons cités, et il semble ne retenir que ce qui peut l'arranger dans ce sens. Surtout, il s'appuie systématiquement sur le *De bucella*. Or, nous avons vu que ce texte diffère totalement du *De pigneribus* et s'oriente complètement vers la pensée lanfrannienne. Cette dissemblance entre les deux textes n'est pas le moins du monde soulignée par Geiselmann. Néanmoins, nous avons le sentiment que dans son *De pigneribus*, Guibert ne se place pas en réaction contre Bérenger. Jay Rubenstein, quant à lui, estime que la pensée de Guibert de Nogent n'est pas influencée par le débat bérangarien [1]. Nous avons vu qu'au contraire Guibert de Nogent puise ses arguments dans la querelle qui l'a précédé.

Quoiqu'il en soit, l'influence la plus forte qui se ressent dans ce traité est celle de l'école de Laon. En effet, la forte insistance sur l'incorruptibilité du Christ dans l'eucharistie et les longs développements des arguments de Guibert à ce sujet attestent cette référence. Malheureusement, cette école de Laon manque d'étude approfondie et peu d'écrits nous sont parvenus. Geiselmann positionne Guibert point par point par rapport à ses contemporains et soulève son accointance avec Anselme de Laon et Guillaume de Champeaux [2]. Gary Macy souligne que Guibert a très probablement appris la théologie eucharistique auprès d'Anselme de Laon [3]. Les auteurs rattachés à celui-ci et Guibert de Nogent sont du même avis concernant le fait que l'immolation sacramentelle est une immolation mystique quotidienne, et non réelle. Ils s'accordent à penser que les indignes ne prennent pas le corps du Christ et que le pain possède une vertu propre, le sang une autre. Cependant, ils n'ont pas la même opinion sur la valeur des sacrements conférés par un prêtre indigne ou hérétique. De plus, il se peut que le désir de Guibert de revenir à une définition isidorienne du sacrement orientée vers la notion de secret lui vienne de l'école de Laon qui, d'une manière générale, considère le sacrement d'une manière mystique [4] tout en adoptant une conception très « réaliste » et en identifiant

1. J. Rubenstein, *op. cit.*, p. 141.

2. J. Geiselmann, « Die Stellung... », *op. cit.*, p. 299-301.

3. G. Macy, *op. cit.*, p. 80. K. Guth (*op. cit.*, p. 94, n. 340) affirme à tort que la théologie de Guibert sur l'eucharistie est basée sur celle d'Anselme de Canterbury.

4. G. Macy, *op. cit.*, p. 73.

le corps historique et le corps sacramentel [1]. C'est sur ce point-ci que Guibert, nous semble-t-il, s'écarte d'une position « réaliste » pour s'orienter vers une conception plus « spirituelle ». Notre opinion ne prétend qu'ouvrir une discussion. Par ailleurs, une analyse approfondie du *De bucella* mériterait d'être faite et une comparaison plus poussée que la nôtre entre ce texte et le *De pigneribus* serait fort utile.

L'influence déterminante qu'exerça l'œuvre d'Augustin sur Guibert fut maintes fois mise en avant. La critique des reliques est un écho intensifié aux remarques d'Augustin dans le *De opere monachorum* [2] mais en plus, la conception de l'eucharistie de Guibert dans le *De pigneribus* est de veine augustinienne. Bérenger également, plus que tout autre théologien du XIe siècle, se basa sur Augustin pour élaborer son argumentation.

À la suite de l'article de Jean Stengers sur les manuscrits uniques [3], nous pouvons questionner l'apport du *De pigneribus* sur la connaissance du Moyen-Âge. Ou formulé autrement : que nous manquerait-il si ce texte ne nous était pas parvenu ? Nous savons que cet écrit de Guibert de Nogent n'eut qu'une diffusion extrêmement limitée durant le Moyen-Âge. Une cinquantaine d'années plus tard, Raoul, un moine de Villers, à proximité de Reims, se demande ce qu'il faut penser des reliques du Christ au vu du dogme de la résurrection : « Si, d'après la foi catholique, toute la substance de notre chair sera restituée lors de notre résurrection, que faut-il penser du cordon ombilical du Sauveur, qui fut coupé à sa naissance, de ses dents, qui tombèrent à l'âge de sept ans et du sang, qui s'écoula de son corps à cause des clous et du coup de lance ? Il fut enlevé par la mort, cependant tout le monde avoue posséder avec certitude de telles reliques » [4]. La réponse se trouvait dans le *De pigneribus*. Il est certain que Guibert n'eut pas d'influence sur le problème des reliques, et encore moins sur celui de l'eucharistie. Pourtant, si nous n'avions pas connaissance de cette œuvre, nous n'aurions aucune trace de critique et de mise en garde contre le culte des saints et de leur relique. Guibert est effectivement le seul à tenter de mettre des garde-fous à une telle pratique et à réfuter toute existence de relique du Christ. De plus, il nous manquerait un texte traitant de

1. *Ibid.*

2. Cf. *supra*, p. 28, n. 4.

3. J. Stengers, « Réflexions sur le manuscrit unique, ou un aspect du hasard en histoire », *Scriptorium*, 40, 1986, p. 54-80.

4. « *Si secundum fidem catholicam tota prorsus carnis nostre substantia resurgentibus restituenda est, quid sentiendum est de Salvatoris nostri iam a morte suscitati et umbilico qui nascenti precisus est et dentibus qui septenni novis urgentibus elapsi sunt, et sanguine qui ex eo clavis et lancea perfosso defluxit, cum nonnulli horum reliquias hodieque pro certo se habere fateantur ?* », cité par R.B.C. Huygens, « Introduction », *op. cit.*, p. 16.

l'eucharistie d'une manière tout à fait originale. Si nous avons correctement interprété le texte de Guibert, il se pourrait que nous ayons alors l'un des rares textes de conception « spiritualiste », à côté de ceux d'Augustin, de Ratramne et de Bérenger. De plus, une étude du quatrième livre est absolument inexistante, mais elle apporterait sans nul doute de précieux éléments. Certes, il est vrai que l'originalité essentielle du *De pigneribus* se situe autour de la question des reliques, et c'est donc ceci qui nous manquerait. C'est principalement pour cette raison que l'enthousiasme de la critique fut aussi grande et axée sur les reliques, au détriment du reste.

Les discussions autour de la notion de l'eucharistie du XIe siècle furent d'une importance fondamentale pour l'évolution du dogme. Le Concile de Latran fixa en 1215 le dogme de la transsubstantiation et la présence réelle du Christ fut réaffirmée lors du Concile de Trente. Les réformateurs du XVIe siècle, en particulier Zwingli, s'appuyèrent très certainement sur les idées de Bérenger, dont les arguments sont souvent repris [1]. Par ailleurs, l'Église catholique confirme actuellement encore l'hérésie de Bérenger et reprend la profession de foi de 1079, en affirmant la présence réelle du Christ dans l'eucharistie, qui renouvelle son sacrifice [2]. L'année eucharistique célébrée par le monde catholique eut lieu d'octobre 2004 à octobre 2005 à l'intitiative de Jean-Paul II. La lettre apostolique rédigée à cette occasion avait pour but de redonner une dimension plus large et plus importante de l'eucharistie dans la vie du fidèle et insitait à nouveau sur la présence réelle du Christ et le renouvellement quotidien de son sacrifice lors de la célébration de la messe [3].

1. L'un des seuls à mentionner brièvement les rapports entre Bérenger et Zwingli est E.-C. Sheedy *op. cit.*, p. 107. Les rapports entre les deux sont frappants, mais il semble qu'une étude fasse défaut, non seulement par les historiens, mais aussi par les théologiens catholiques ou protestants.

2. *Mysterium fidei. Lettre encyclique de sa sainteté le pape Paul VI sur la doctrine et le culte de la sainte Eucharistie*, 3 octobre 1965, § 57.

3. *Lettre apostolique « Mane nobiscum domine » du souverain pontife Jean-Paul II pour l'année de l'eucharistie*, oct. 2004 – oct. 2005, en part. § 15 et § 16 (accessible sur internet).

BIBLIOGRAPHIE

ACHERY (L. d'), *Ad libros de pignoribus sanctorum* (PL CLVI cols 1021A-1048C).

ALGER DE LIÈGE, *De misericordia et justitia* (PL CLXXX cols 0857A-0968D).

– *De sacramentis corporis et sanguine dominici* (PL CLXXX cols 0739C-0854C).

AMBROISE, *De sacramentis*, (PL XXVI cols 0417A-0462A).

ANSELME, *Du pouvoir et de l'impuissance, de la possibilité et de l'impossibilité, de la nécessité et de la liberté*, avant-propos, trad. et notes par A. Galonnier, dans M. Corbin (éd.), *L'œuvre d'Anselme de Cantorbéry*, t. 4, Paris, Éditions du Cerf, 1990.

– *Enarrationes in Evangelium Matthaei* (PL CLXII cols 1227C-1500B).

AUGUSTIN, *La Cité de Dieu. VI-X*, intr. et notes par G. Bardy, trad. par G. Combes, « Bibliothèque augustinienne », t. 34, Paris, Desdée de Brouwer, 1959.

– *De magistro*, intr., trad., notes par G. Madec, « Bibliothèque augustinienne », t. 6, Paris, Institut des études augustiniennes, 1993.

– *La doctrine chrétienne*, intr., trad. par M. Moreau, notes par I. Bochet et G. Madec, « Bibliothèque augustinienne », t. 11, 2, Paris, Institut d'études augustiniennes, 1997.

– *Epistola XCVIII*, 9, (PL XXXIII cols 0359-0364).

– *Epistola CXLVIII* (PL XXXIII cols 0622-0630).

– *Epistola CCXXXVIII* (PL XXXIII cols 1038-1044).

– *Homélies sur l'évangile de saint Jean. I-XVI*, trad., intr. et notes par M.-F. Berrouard, « Bibliothèque augustinienne », t. 11, Paris, Institut des études augustiniennes, 1993.

– *Homélies sur l'évangile de saint Jean. XVII-XXXIII*, trad., intr., notes par M.-F. Berrouard, « Bibliothèque augustinienne », t. 72, Paris, Desclée de Brouwer, 1977.

– *Sermones de tempore*, CCLXXII (PL XXXVIII cols 1246-1248).

– *Speculum de scriptura sacra* (PL XXXIV cols 0887-1040).

BÉRANGER DE TOURS, *Lettre à Ascelin,* dans *Serta Mediaevelia: Textus varii saeculorum X-XIII. Tractatus et epistulae* (CCCM, CLXXI), éd. par R.B.C. HUYGENS, Turnhout, Brepols, 2000.

– *Purgatoria epistola contra Almannum*, dans J. de Montclos, *Lanfranc et Bérenger. La controverse eucharistique du XIe siècle*, Louvain, Spicilegium sacrum Lovaniense, 1971, p. 531-538.

– *Rescriptum contra Lanfrannum*, (CCCM, LXXXIV), éd. R.B.C. Huygens, Turnhout, Brepols, 1987.

CYPRIEN, *De Lapsis and De Ecclesiae Catholicae Unitate*, éd. et trad. par M. Benevot, Oxford, Clarendon Press, 1971.

EADMER (moine de Cantorbéry), *Histoire des temps nouveaux en Angleterre (livres I-IV)*, d'après le texte établi par Martin Rule et *Vie de saint Anselme*, d'après le texte établi par R.W. Southern, trad. française par H. Rochais, Paris, Éditions du Cerf, 1994.

GUIBERT DE NOGENT, *Autobiographie*, intr., éd., et trad. par E.-R. Labande, Paris, Les Belles Lettres, 1981.

– *De pignoribus sanctorum*, (PL CLVI cols 0607C-0679A).

– *Geste de Dieu par les Francs*, intr., trad. et notes par M.-C. Garand, Turnhout, Brepols, 1998.

– *Quo ordine sermo fieri debeat. De bucella Judae data et de veritate dominici corporis. De sanctis et eorum pigneribus*, (CCCM, CXXVII), éd. R.B.C. Huygens, Turnhout, Brepols, 1993.

GUITMOND D'AVERSA, *La « Verità » dell'eucharistia. De corporis et sanguinis Christi veritate*, éd. et trad. en italien par L. Orabona, Naples, Rome, Bénévent, Milan, Ed. Scientifiche Italiane, 1995.

HUGUES DE SAINT-VICTOR, *De sacramentis christiane fidei*, II, 8, ch. 3 (PL CLXXVI cols 0462D-0464C).

ISIDORE DE SÉVILLE, *Etymologiae* (PL LXXXII cols 0073A-0728C).

JEAN CALVIN, *Traité des reliques*, éd. I. Backus, Genève, Labor et Fides, 2000.

JEAN CASSIN, *De Incarnatione Domini* (PL L cols 0009A-0272A).

– *Traité de l'Incarnation contre Nestorius*, intr., trad. et notes par M.-A. Vannier, Paris, Éditions du Cerf, 1999.

LANFRANC, *De corpore et sanguine domini* (PL CL cols 0407A-0442D).

PASCHASE RADBERT, *De corpore et sanguine domini* (CCCM, XVI), éd. P. Bedae, Turnhout, Brepols, 1969.

PIERRE LE MANGEUR, *Historia scholastica : historia evangelica* (PL CXCVIII cols 1049A-1722A).

PIERRE LE VÉNÉRABLE, *Adversus Petrobrusianos haeriticos* (PL CLXXXIX cols 0719A-0850D).

RATRAMNE, *De corpore et sanguine Domini*, éd. par J.N.B. van den Brink, Amsterdam, North-Holland Publisching Company, 1954.

RUPERT DE DEUTZ, *Liber de divinis officiis* (CCCM, LVII), éd. H. Haacke, Turnhout, Brepols, 1967.

– *Commentaria in Evangelium Sancti Iohannis* (CCCM, XV), éd. H. Haacke, Turnhout, Brepols, 1969.

THIOFRID D'ECHTERNACH, *Flores epytaphii sanctorum* (CCCM, CXXXIII), éd. M.C. Ferrari, Turnhout, Brepols, 1996.

– *La vie ancienne de Saint Samson de Dol*, texte édité, traduit et commenté par P. Flobert, Paris, CNRS Édition, 1997.

Littérature secondaire

BERAUDY R., *L'enseignement eucharistique de Ratramne, moine de Corbie au IXe siècle dans le « De corpore et sanguine domini » : Étude sur l'histoire de la théologie eucharistique*, Lyon, Faculté de théologie, 1952-1953.

BOUHOT J.-P., « Rupert de Deutz », dans *Dictionnaire du Moyen Âge*, C. Gauvard, A. de Libera et M. Zink (éd.), Paris, Presses universitaires de France, 2002, p. 1257-1258.

BOURGIN G., *Guibert de Nogent. Histoire de sa vie (1053-1124)*, Paris, Librairie Alphonse Picard et Fils, 1907.

BRIGUE L., « Le communiant mal disposé reçoit-il vraiment le corps du Christ ? La question à la fin du XIe siècle", *Science religieuse. Travaux et recherches*. t. 31, 1943, p. 70-101.

– *Alger de Liège. Un théologien de l'Eucharistie au début du XIIe siècle*, Paris, J. Gabalda et Cie Éditeurs, 1936.

FERRARI M.C., « *Lemmata sanctorum*. Thiofrid d'Echternach et le discours sur les reliques au XIIe siècle », *Cahiers de Civilisation Médiévale*, t. XXXVIII, 1995, p. 215-225.

FLASCH K., *Introduction à la philosophie médiévale*, trad. de l'allemand par J. de Bourgknecht, Paris, Flammarion, 1992.

GARAND M.-C., « Le scriptorium de Guibert de Nogent », *Scriptorium*, 31, 1977, p. 3-29.

GEISELMANN J., « Die Stellung des Guibert von Nogent in der Eucharistielehre der Frühscholastik », *Theologische Quartelschrift*, CX, 1929, p. 66-86 ; p. 279-305.

– *Die Eucharistielehre der Vorscholastik*, Paderborn, Ferdinand Schöningh, 1926, p. 182-184.

GHELLINCK J. de, *Le mouvement théologique du XIIe siècle. Sa préparation lointaine avant et autour de Pierre Lombard, ses rapports avec les initiatives des canonistes*, 2e éd., Bruges, Éd. du Temple ; Paris, Desclée de Brouwer, 1948.

GIBSON M., *Lanfranc of Bec*, Oxford, Clarendon Press, 1978.

GOUREVITCH A. J., *La naissance de l'individu dans l'Europe médiévale*, trad. du russe par J.-J. Marie, Paris, Éditions du Seuil, 1997.

GUTH K., *Guibert von Nogent und die hochmittelalterliche Kritik an der Reliquienverehrung*, Ottobeuren, Winfried Werk, 1970.

HEAD Th., « Guibert of Nogent, *On Saints and their Relics* », dans Th. Head (éd.), *Medieval Hagiography : an anthology*, New-York, London, Routledge, p. 399-427.

HUYGENS R.B.C., « À propos de Bérenger et son traité de l'Eucharistie », *Revue bénédictine*, t. LXXVI, nos 1-2, 1966, p. 133-139.

– « Introduction », dans GUIBERT DE NOGENT, *Quo ordine sermo fieri debeat. De bucella Judae data et de veritate dominici corporis. De sanctis et eorum pigneribus* (CCCM, CXXVII), éd. R.B.C. Huygens, Turnhout, Brepols, 1993, p. 7-45.

JEREMIAS J., *Le problème historique de Jésus Christ*, trad. de l'allemand par J. Schlosser, Paris, Éditions de l'Épi, 1968.

KANTOROWICZ E.H., *Les deux corps du roi : essai sur la théologie politique au moyen âge*, trad. de l'anglais par J.-Ph. et N. Genet, Paris, Gallimard, 1989.

LEFRANC A., « Le traité des reliques de Guibert de Nogent et les commencements de la critique historique au Moyen Âge », *Études d'histoire du Moyen Âge dédiées à G. Monod*, Paris, Armand Colin, 1896, p. 285-306.

LOTTIN O., *Psychologie et morale aux XIIe et XIIIe siècles. Problèmes d'histoire littéraire : l'école d'Anselme de Laon et de Guillaume de Champeaux*, t. V, Gembloux, J. Duclot, 1959.

LUBAC H. de, *Corpus mysticum. L'Eucharistie et l'Église au Moyen Âge* (1944), 2e éd. revue et augmentée, Paris, Éditions Montaigne, 1949.

MACY G., *The theologies of the eucharist in the early scholastic period. A study of the salvific function of the sacrament according to the theologians c.1080-c.1220*, Oxford, Clarendon Press, 1984.

– « Of Mice and Manna : Quid Mus Sumit as a Pastoral Question », *Recherches de théologie ancienne et médiévale*, no 58, 1991, p. 152-168.

MANGENOT E., « Eucharistie », dans A. Vacant et E. Mangenot (éd.), *Dictionnaire de Théologie catholique*, Paris, Letouzey et Ané, t. 5, 1913, cols 989-1368.

MONOD B., *Le moine Guibert et son temps*, Paris, Hachette, 1905.

MONTCLOS J. de, *Lanfranc et Bérenger. La controverse eucharistique du XIe siècle*, Louvain, Spicilegium sacrum Lovaniense, 1971.

– « Lanfranc et Bérenger : les origines de la doctrine de la Transsubstantiation », dans G. d'Onofrio *Lanfranc di Pavia e l'Europa del secolo XI : nel IX centenario della morte (1089-1989). Atti del Convegno internazionale di studi (Pavia, Almo Collegio Borromeo, 21-24 settembre 1989)*, Rome, Herder, 1993, p. 297-326.

MORRIS C., « A critique of popular religion : Guibert of Nogent on *The relics on the saints* », dans G. J. Cuming et D. Baker (éd.), *Popular Belief and Practice. Papers read at the ninth summer meeting and the tenth winter meeting of the Ecclesiastical History Society*, Cambridge, University Press, 1972.

MORRISSEY R., *L'empereur à la barbe fleurie. Charlemagne dans la mythologie et l'histoire de France*, Paris, Gallimard, 1997.

NASH L.C. (Sister Mary Edwardine O.P.), *Translation of « De pignoribus sanctorum » of Guibert of Nogent with notes and comments*, Travail de thèse, non publié, Université de Washington, 1941.

NEUNHEUSER B., *Eucharistie in Mittelalter und Neuzeit*, Freiburg-im-Brisgau, Basel, Wien, Herder, 1963.

ROSIER-CATACH I., *La parole efficace. Signe, rituel, sacré*, Paris, Éditions du Seuil, 2004.

RUBIN M., *Corpus Christi. The Eucharist in Late Medieval Culture*, Cambridge, New-York, Port Chester, Melbourne, Sydney, Cambridge University Press, 1991.

RUBENSTEIN J., *Guibert of Nogent. Portrait of a Medieval Mind*, New York, London, Routledge, 2002.

SCHMITT J.-C., « Les reliques et les images », dans E. Bozóky et A.-M. Helvétieus (éd.), *Les reliques. Objets, cultes, symboles. Actes du colloque international de l'Université du Littoral-Côte d'Ophale (Boulogne-sur-Mer),* 4-6 septembre 1997, Turnhout, Brepols, 1999, p. 144-159.

SEJOURNE P., « Reliques », dans A. Vacant et E. Mangenot (éd.), *Dictionnaire de Théologie catholique*, Paris, Letouzey et Ané, t. 13, 1936, cols 2312-2376.

SHEEDY E.-C., *The eucharistic controversy of the eleventh century against the background of pre-scholastic theology*, New York, AMS Press, 1980.

SOMERVILLE R., « The case against Berengar of Tours – A new text », *Studii Gregoriani*, 9, 1972, p. 55-75.

SOUTHERN R.W., « Lanfranc of Bec and Berangar of Tours », *Studies in mediaeval history presented to Frederick Maurice Powicke*, Oxford, Clarendon Press, 1969, p. 27-48.

WILMART A., « Un commentaire des Psaumes restitué à Anselme de Laon », *Recherches de Théologie ancienne et médiévale*, vol. 8, 1936, p. 325-344.

TABLE DES MATIÈRES

DEUXIÈME PARTIE

GUIBERT DE NOGENT
***DE PIGNERIBUS* (LIVRE II)**
TEXTE ET TRADUCTION

TROISIÈME PARTIE

LA DOCTRINE DE L'EUCHARISTIE

Imprimé sur les presses de Jouve - Mayenne
2104866P - dépôt légal : juin 2013 - date d'impression : juin 2013